The bible of icingcookie

アイシングクッキーバイブル

一般社団法人 日本サロネーゼ協会
桔梗有香子 監修

はじめに

一般社団法人日本サロネーゼ協会（JSA）は、6年前に日本で初めてアイシングクッキーの資格を作った団体です。

当時は、まだアイシングクッキーの認知度が低く、習える教室も買うことができるショップも数えるほどしかありませんでした。かわいくて繊細なアイシングクッキーを日本でも広めたいと思い、初心者がアイシングクッキーの講師になるための「アイシングクッキー認定講師講座」を開発し、この6年間でサロネーゼ協会だけで6,000名を超えるアイシングクッキー講師が誕生しました。

アイシングクッキーの資格取得講座を始めたころは、シュガークラフトの地イギリスへ何度も足を運び、時にはJSA講師たちと一緒にイギリスへ研修旅行に行ったこともあります。

この6年間で、日本だけでなく世界中のアイシングクッキー業界が大きく進展しました。伝統的なロイヤルアイシングの技術をベースに、独創的なデザインやテクニックが生まれ、SNSなどを通じて広まっていきました。

今では日本のJSA講師のもとに海外から学びに来る方が増え、台湾・香港・シンガポールにあるJSAでも毎月たくさんの講師が誕生しています。

そして、最も権威あるイギリスのシュガークラフトコンテスト『Cake International 2018』（バーミンガム開催）では、コンテストに出展したJSA講師全員が入賞、金賞1名・銀賞2名・敢闘賞1名という快挙を成し遂げることができました。

日本サロネーゼ協会では、アイシングクッキー初心者の方が講師になれるように基礎を身につけるためのアイシングクッキー認定講師講座からスタートし、最先端の技術を学べるマスター講座、さらに専門性を身につけるためのパイプドフラワー®専科講座やパイピング専科講座、そしてヨーロッパの伝統的なジンジャーブレッド作りを学ぶ、ジンジャーブレッドアイシング認定講師講座やペインティングナイフで立体的な造形をするスカルプチュアペインティング™クッキー認定講師講座など、アイシングクッキーの技術を深く学び、世界に通用するトップアーティストまで目指せるように講座を展開しています。

本書では、コンテスト受賞者をはじめ、専科講師・マスター講師・認定講師の作品だけで構成しています。

今までにないアイシングクッキーの技術やアイデアが詰まった、まさに「アイシングクッキーバイブル」の名にふさわしい本になったと思います。

みなさまのアイシングクッキー作りの教科書のような存在として、長く愛される1冊となればうれしいです。

一般社団法人　日本サロネーゼ協会
代表理事　桔梗 有香子

CONTENTS

*〔　　〕内は How to make

はじめに　p.2

アイシングクッキーの基本　p.9

アイシング・デコレーションの道具 p.10

アイシング・デコレーションの材料 p.11

クッキーの作り方 p.12

ロイヤルアイシングの練り方 p.13

アイシングの固さ p.13

アイシングの着色方法 p.14

カラーチャート p.15

コルネの作り方 p.15

口金のセットの仕方 p.15

コルネの詰め方 p.16

クッキーのベースを塗りつぶす p.16

第1部
アイシング・デコレーションの技術と作品I　p.17

1　パイピング Piping technic p.18

2　馴染み模様 Wet on wet p.20

3　キルティング Quilting p.21

4　オフピース Off piece p.21

5　アイレットレース Eyelet lace p.21

6　ブラッシュエンブロイダリー Brush embroidery p.22

7　ステンシル Stencil p.22

8　口金絞り Piping technic p.23

9　お花絞り Piped flower p.24

10　シュガーペースト Sugar paste p.28

11　シュガーレース Sugar lace p.31

Moroccan pattern	パイピングクッキー	p.32	(p.66)
Lettering	カリグラフィーアイシング®	p.33	(p.66)
Japanese pattern	和柄	p.34	(p.67)
Embroidery piping	刺繍パイピングクッキー	p.35	(p.67)
Quilting	ハートのキルティングクッキー	p.36	(p.68)
	ローズキルト	p.36	(p.68)
Piped baskets	シンプルかご編みのフラワーバスケット	p.37	(p.68)
	2色のかご編みバッグ	p.37	(p.68)
	ホワイトバスケット	p.37	(p.68)
Wet on wet	Patterns	p.38	(p.69)
	和の香、和柄	p.39	(p.69)
	スイートローズ	p.40	(p.70)
Stencil	ローズ	p.41	(p.70)
	メッセージクッキー	p.41	(p.70)
Off piece	エスコートカード	p.42	(p.71)
	春色グラデーション	p.43	(p.71)
Eyelet lace	夏色シースルーワンピースクッキー	p.44	(p.72)
	ハートのアイレットレースクッキー	p.45	(p.72)
Brush embroidery	ローズブラッシュエンブロイダリークッキー	p.46	(p.73)
	Brooches	p.47	(p.73)
	彼岸花・菊	p.48	(p.73)
	マーメイド・海中	p.49	(p.74)
Piped flower	バラとチューリップ	p.50	(p.75)
	胡蝶蘭「Celebration」	p.51	
	アネモネ「Welcome」	p.52	(p.74)
	アンティークな多肉植物の鉢植え	p.53	(p.76)
	フラワーブーケ	p.54	(p.77)
	パイプドフラワーバスケット	p.55	(p.77)
	フラワードレス	p.56	(p.78)

Sugar paste	Pretty Bow Cookie	p.57 (p.78)
Florist paste	クラシカルイヤリング	p.57 (p.79)
Sugar paste	春色のつまみ細工風クッキー	p.58 (p.80)
Florist paste	桜	p.59 (p.80)
Sugar paste	For my Baby & ママとお出かけ	p.60 (p.81)
Florist paste	クイリング	p.61 (p.82)
Sugar lace	ブラーククッキー	p.62 (p.82)
	ウェディング	p.63
Hexen house	ホワイトクリスマス	p.64 (p.83)
	クリスマスのおうち	p.65 (p.84)

第2部
アイシング・デコレーションの技術と作品II　p.85

1 イソマルト Isomalt p.86

2 パイピングジェル Piping gel p.87

3 ウェイファーペーパー Wafer paper p.87

4 スカルプチュアペインティング™ Sculpture painting p.88

5 クラックエフェクト Crack effect p.89

6 エアスプレー Air spray p.90

7 ペインティング Painting p.91

8 プレッシャーパイピング Pressure piping p.92

9 ニードルポイント Needle point p.94

10 カットワーク刺繍 Cut work embroidery p.94

11 ラティスワーク Lattice work p.95

12 スタックライン Stack line p.95

13 スクロール Scrolls p.96

Isomalt	メッセージシャカシャカクッキー	p.98 (p.130)
	The Glitter of Isomalt	p.99 (p.130)
Piping gel	モロッカン柄	p.100 (p.131)
	クジャク	p.101 (p.131)
Wafer paper	スズラン・アジサイ	p.102 (p.132)
	Balloon Cookies (気球)	p.103 (p.132)
	アジサイとジューンブライド	p.104 (p.133)
	バレリーナ	p.105 (p.133)
Sculpture painting	カサブランカ	p.106 (p.134)
	金魚	p.107 (p.134)
	アジサイ	p.108 (p.135)
	ハーブリースのウェルカムボード	p.108 (p.135)
Crack effect	アンティークアイテム	p.109 (p.137)
Air spray	日本のお正月	p.110 (p.136)
	エアスプレーで空色ジャークッキー	p.111 (p.137)
Painting	アビシニアン	p.112 (p.138)
	ダックスフンド	p.112 (p.138)
	くま	p.113 (p.138)
	Letter...	p.114 (p.139)
	女の子	p.114 (p.139)
	封筒	p.115 (p.140)
	ローズタグ	p.115 (p.139)
Pressure piping	3D ベア..	p.116 (p.140)
Hungarian embroidery	Hungarian embroidery	p.117 (p.141)
Needle point	ミモザリース	p.118 (p.141)
	いちご&うさぎ	p.118 (p.141)
	ヘキサゴンクッキー	p.119 (p.141)
Cut work embroidery	ローズ	p.120 (p.142)
	バタフライ	p.120 (p.142)
	フラワー	p.121 (p.142)

Lattice work	リボン	p.122 (p.143)
	トランプ柄クッキー	p.123 (p.143)
Stack line	スタックラインで描く『ABC』	p.124 (p.144)
	お花とレースのレターセット	p.125 (p.144)
Scrolls	オーバーパイピングクッキー	p.126 (p.145)
	クラシカルティーセット	p.127 (p.145)
3D piping	ベビーバギー	p.128 (p.146)
	ロッキングチェア	p.129 (p.147)

アイシング図案　p.148
アイシングクッキーサンプル集　p.152

アイシング・デコレーションの技術動画　p.158
あとがき　p.159

アイシングクッキー
の
基本

The bible of icingcookie

◢ アイシング・デコレーションの道具

1	フラワーネイル
2	ネイルスタンド
3	クッキングシート
4	クッキー型
5	モールド
6	ペインティングナイフ
7	スプーン
8	口金
9	ピック
10	ピンセット
11	ボールツール・シェイパーツール
12	筆
13	抜き型
14	マスキングテープ
15	つまようじ
16	はさみ
17	パレットナイフ 大・小

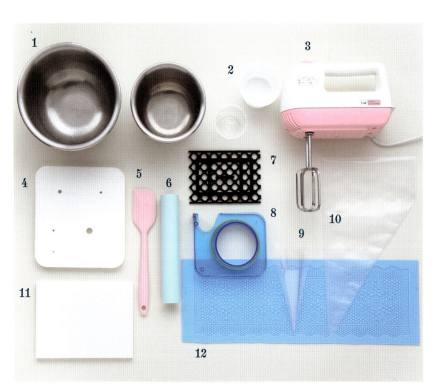

1	ボウル
2	カップ
3	ハンドミキサー
4	スポンジマット
5	ゴムベラ
6	めん棒
7	押し型
8	セロハンテープ
9	コルネ
10	絞り袋
11	ノンスティックボード
12	レースマット

アイシング・デコレーションの材料

1 パイピングジェル
2 コーンスターチ
3 イソマルト
4 JSA ロイヤル アイシングパウダー
5 SK フローリストペースト
6 SK シュガーペースト
7 SK エクステンション アイシング
8 トリコミックス

※ SK：スクワイヤーズキッチン

1 スプリンクル
2 シュガーパール
3 ノンパレル
4 アラザン
5 パールパウダー シルバー
6 パールパウダー ゴールド
7 エディブルグルー
8 ジン（アルコール）

1 ブラックココアパウダー
2 食用色素 黒（竹炭パウダー）
3 フードペン

SK ペーストフードカラー

SK ダストフードカラー

クッキーの作り方

ベースとなるクッキーの作り方を解説します。
茶色のクッキーにしたい場合はココア生地にします。

材料
バター（食塩不使用）—— 90g
粉糖 —— 70g
バニラオイル —— 適量
溶き卵 —— 25g
薄力粉 —— 200g

作り方

1 バターをクリーム状にし粉糖とバニラオイルを加え、さらにクリーム状になるまですり混ぜる。

2 溶き卵を2回に分けて入れ、その都度卵がなじむまでしっかりと混ぜ合わせる。

3 薄力粉をふるい入れて、ゴムベラで押し混ぜ、表面につやが出るまで手で練る。冷蔵庫で30分以上寝かせる。

4 めん棒で生地を5mmの厚さにのばして型抜きする。

5 オーブンシートを敷いた天板にのせ、予熱の入ったオーブン（180℃）で15分前後焼く。

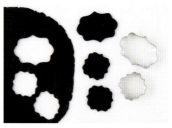

※ココア生地のアレンジ
薄力粉の1割をブラックココアパウダーに替えるとココアクッキーになる。

焼き上がり。

ロイヤルアイシングの練り方

「アイシング」の正式名称は「ロイヤルアイシング」。
本書ではロイヤルアイシングパウダーを使います

材料
JSA ロイヤルアイシングパウダー —— 200g
水 —— 24cc 前後

※ロイヤルアイシングパウダーは、
粉砂糖 200g・乾燥卵白 6g・水 30ccで代用ができます。

練り方

1　ボウルにロイヤルアイシングパウダーを入れ、水を加える。

2　ハンドミキサーの低速で約10分ほどしっかりと練る。

3　ツノが立ちおじぎをする固さまでしっかりと練る。

※しっかりと練ることで、真っ白のふんわりとした美しい仕上がりとなります。
練り不足は乾燥後に透明感が出てしまい、分離やにじみの原因にもなります。
少量の場合はゴムベラなどで20分程度しっかりと練りましょう。

《アイシングパウダー 100gに対する水分量の目安》

	アイシングパウダー	水
固い	100g	10g
中間	100g	12g
やわらかい	100g	18g

《粉糖 100gに対する水分量の目安》

	粉糖	乾燥卵白	水
固い	100g	3g	12g
中間	100g	3g	15g
やわらかい	100g	3g	20g

アイシングの固さ

固い　　　中間　　　ややわらかい　やわらかい
firm　　　off-peak　rubbed down　run out

固さ	状態	用途
firm / 固い	ツノがピンと立つ固さ。	口金絞り、花やリーフを絞るときなどに使用する。
off-peak / 中間	ツノがゆっくりとおじぎする固さ。	アウトラインや模様・文字を描く・パーツの接着などに使用する。
rubbed down/ ややわらかい	アイシングにツヤがあり、ツノがすぐに深くおじぎする固さ。	気泡がなくなめらかでツノが立ちにくいので、レタリング、ステンシルやニードルポイントの塗りつぶし、プレッシャーパイピングなどに使用する。
run out/ やわらかい	すくい落としたときに5〜10秒でなじむ固さ。	塗りつぶしや馴染み模様に使用する。
guttering/ ガタリング	すくい落としたときに18〜20秒で馴染む固さ。	アウトライン無しで塗りつぶしができる。平らなものよりカーブしたものの上で乾かす塗りつぶしに向いてる。

アイシングの着色方法

1 練ったアイシング、色素、つまようじを用意する。

2 つまようじの先端にペーストフードカラーまたはダストフードカラーを少量つけ、練ったアイシングにつける。

3 全体がムラなく均一に色づくまでしっかりと混ぜる。

4 色が足りない場合は、さらに色素を足して濃くする。

黒は色素だけでは黒くならないため、ブラックココアや竹炭パウダーで着色する。ネイビーや赤などの濃い色を作るときは、ペーストフードカラーで着色するとアイシングがやわらかくなりすぎてしまうため、ダストフードカラーで着色するとよい。

カラーチャート

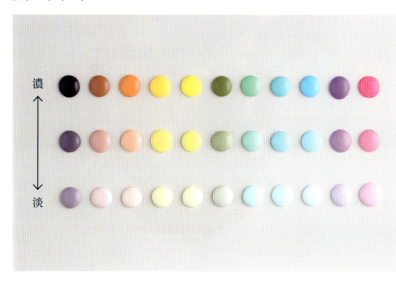

（左から順に）
ジェットブラック
ブーラッシュ
チェスナット
サンフラワー
ダフォディル
ホリー（ダークグリーン）
カクタス
ブルーグラス
ウィステリア
ヴァイオレット
ローズ

※すべてスクワイヤーズキッチン　ペーストフードカラーを使用。

▶ コルネの作り方

アイシングをするのに欠かせない、コルネや絞り袋の使い方をマスターしましょう。
※わかりやすいようにクッキングシートで解説しています。

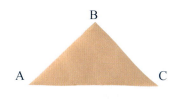  

1 正方形（20cm×20cm）のセロファン紙（OPPシート）を対角線で半分に切る。

2 BとCが重なるようにくるりと1回巻き、Aを巻きつけてBの後ろに持ってくる。

3 ABCの重なっているところをセロハンテープやステープラー（ホチキス）などでとめる。

▶ 口金のセットの仕方

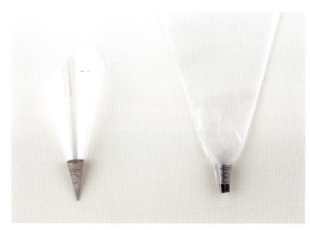

口金の先端が1/3見えるように、コルネ（絞り袋）の先端を切り、口金をセットする。

コルネの詰め方

1　パレットナイフでアイシングをすくい、なるべくコルネの奥まで入れる。

2　指でパレットナイフを軽く挟み、引き抜く。

3　セロハンテープ側を外側にして、はみ出した部分を手前に折りたたむ。

4　左右両端を中央に折りたたむ。

5　手前にくるくると折り込み、セロハンテープで止める。

※やわらかいアイシングはコップなどにコルネを立てて流し込む。

クッキーのベースを塗りつぶす

1　中間のアイシングを詰めたコルネの先端をデコレーション面に軽くあて、絞り始め、コルネを少し浮かせて、やや引っ張るようにラインを引く。

2　やわらかいアイシングで、端から順に手早く塗りつぶす。

3　角や細かい部分はピックやつまようじで埋める。

第1部

アイシング・デコレーションの
技術と作品 Ⅰ

The bible of icingcookie

1 パイピング Piping technic

パイピングとは、ロイヤルアイシングでケーキやクッキーに線や模様を描いたり絞ったりすることです。
アイシングクッキー作りに欠かせない、最も重要と言われるテクニックの1つです。
きわめて繊細な模様や細かく入り組んだ模様を描く「フィリグリーパイピング」、文字を描く「レタリング」、
日本伝統の模様を描く「和柄」、刺した糸のタッチで刺繍を描く「刺繍風パイピング」などの技法があります。

●直線

口金のサイズを絞りたいラインに応じて使い分ける。アイシングが途切れないように、均一な力で絞る。軽くデコレーション面にタッチして絞り始めたら、口金の先端を少し浮かせ、落ちていくアイシングを見ながらゆっくりと描きたい方向に置いていく。絞り終わりは力を抜き、軽くデコレーション面にタッチして終わる。

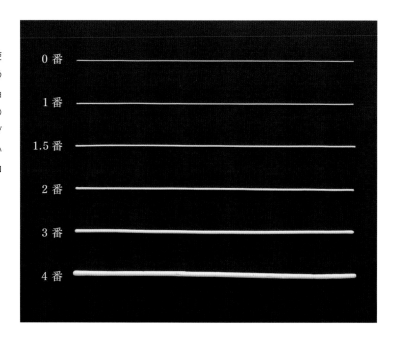

●曲線

カーブさせたい方向にコルネを動かして描く。各曲線の終わりはコルネの先端を軽くおき、一筆書きで描いていく。

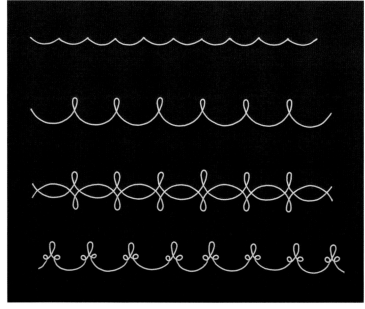

曲線やループを描くときは、浮かせて描く。

●ドット

〈 ドットの絞り方 〉

コルネを90度に構え、コルネの先端を動かさずに絞り出す。絞りたい大きさになったら力を抜き、のの字に表面をなでるようにして切る。ツノが立った場合は水で湿らせた筆で押さえる。

〈 ピコットドット 〉

小さなドットを3つ絞る。

〈 ピコットレース 〉

小さなドットをピラミッド状に絞る。

●しずく

斜め45度の角度でコルネを構え、ドットを絞り出してから、少しずつ力を弱めながら絞り、絞り終わりは力を抜き、軽くデコレーション面にタッチして終わる。しずくの向きを変えたり、ドットと組み合わせたりして、さまざまな模様を描くことができる。

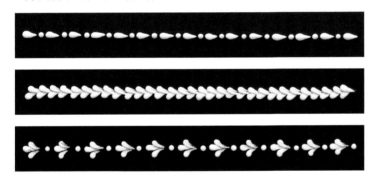

●レース

曲線・しずく・ドットを組み合わせて、レースを描くことができる。

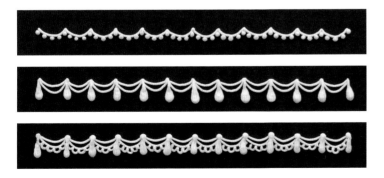

2 馴染み模様 Wet on wet

やわらかいアイシングの上にやわらかいアイシングを重ね、模様を描く技術です。英語でウェットオンウェットといわれています。

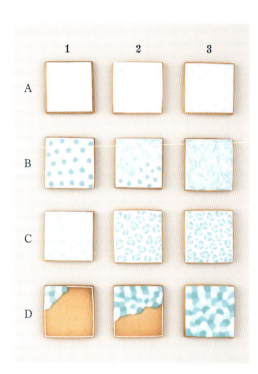

● ドット A
1 白のやわらかいアイシングでベースを塗りつぶす。
2 ベースが乾く前に、青のやわらかいアイシングでドットを描く。
3 バランスよく全体にドットを描く。

● マーブル B
1 白のやわらかいアイシングでベースを塗りつぶし、青のやわらかいアイシングで全体にドットを描く。
2 ベースが乾く前に、つまようじでグルグルと円を描くように引っかく。
3 全体を引っかきマーブル模様を作る。

● レオパード C
1 白のやわらかいアイシングでベースを塗りつぶし、薄い青のやわらかいアイシングで大小の楕円形をランダムに描く。
2 濃い青のやわらかいアイシングで、楕円の縁を2～3か所囲む。
3 濃い青のやわらかいアイシングで、隙間があいているところに、バランスよくぶち模様を描く。

● モザイク D
1 白の中間のアイシングでアウトラインを描き、白と青の濃淡のやわらかいアイシングで、3色がランダムになるように大きめのドットを隙間なく描く。
2 隣同士が同じ色にならないように、描いていく。
3 全体に隙間なく描く。

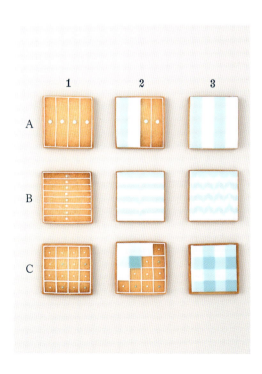

● ストライプ A
1 白の中間のアイシングでアウトラインと4分割のラインを描き、白と青のやわらかいアイシングで印をつける。
2 印と同じ色のやわらかいアイシングで塗りつぶした後、乾く前に手早く隣の部分を塗りつぶす。
3 同様に手早く4か所塗りつぶす。

● 矢羽模様 B
1 白の中間のアイシングでアウトラインと8分割のラインを描き、白と青のやわらかいアイシングで印をつける。
2 印と同じ色のやわらかいアイシングで手早く8か所塗りつぶし、乾く前に、真ん中をつまようじで上から下まで線を描くように引っかく。
3 上下交互になるように線を引くように、合計9か所引っかく。

● ギンガムチェック C
1 白の中間のアイシングでアウトラインと16分割のラインを描き、白と青の濃淡のやわらかいアイシングで印をつける。
2 印と同じ色のやわらかいアイシングで塗りつぶし、乾く前に手早く隣の部分を塗りつぶす。
3 同様に手早く16か所塗りつぶす。

3 キルティング Quilting

キルティングとは、2枚の布の間に、羽や綿などの芯を挟み、ステッチで押さえたものです。
ロイヤルアイシングでラインを描き、やわらかいアイシングを時間差で塗りつぶすことで、
立体的に表現することができます。

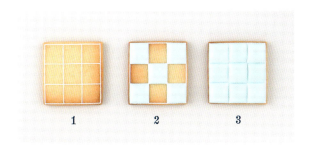

1 中間のアイシングでアウトラインと9分割のラインを描く。
2 やわらかいアイシングでひとつとばしに塗りつぶし、乾かす。
3 表面が乾いたら、残りの部分を塗りつぶす。

4 オフピース Off piece

クッキングシートやOPPシートの上で作り、アイシングクッキーをデコレーションするためのパーツです。
転写をすることができるため、さまざまな種類のパーツを作ることができます。

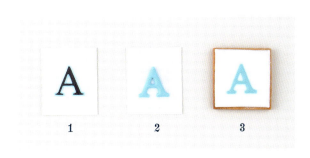

1 カットしたOPPシートをのせ、中間のアイシングでイラストをなぞり、アウトラインを描く。
2 やわらかいアイシングで塗りつぶす。
3 乾いたらOPPシートからはがし、ベースの塗りつぶしが乾く前に貼りつける。

5 アイレットレース Eyelet lace

アイレットレースとは生地に小さな穴をあけ、縁をかがったり、巻き縫いをしたりして作る刺繍の技法です。
アイシングでレースを描き、やわらかいアイシングを水で溶いて、薄く筆で塗りつぶすことで表現することができます。

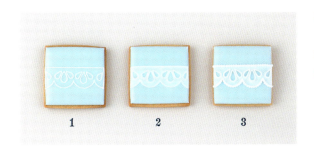

1 ベースを塗りつぶし、表面が乾いたら、中間のアイシングでレースを描く。
2 水で溶いたアイシングを筆で塗る。
3 乾いたら、中間のアイシングで模様を描き、仕上げる。

6 ブラッシュエンブロイダリー　Brush embroidery

ブラッシュとはブラシ（筆）、エンブロイダリーは刺繍という意味です。
絞ったアイシングを筆でぼかすことで、刺繍のような風合いを出すアイシングの技法です。

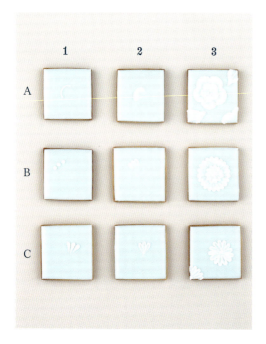

●ラインをぼかす　A
1　中間のアイシングで太めのラインを描く。
2　水で軽く湿らせた筆で花の中心に向かって外側から内側へぼかす。
3　アイシングが乾くとぼかせなくなるので、花びらは1枚ずつその都度描いてぼかす。葉は葉脈の方向に向かってぼかす。中間のアイシングで花心や葉脈を描いて完成。

●ドットをぼかす　B
1　中間のアイシングで大きめのドットを絞る。
2　水で軽く湿らせた筆で花の中心に向かって外側から内側へぼかす。
3　アイシングが乾くとぼかせなくなるので、ドットは3つずつ絞り、その都度ぼかす。中間のアイシングで花心を描いて完成。

●しずくをぼかす　C
1　中間のアイシングでしずくを絞る。
2　水で軽く湿らせた筆で花の中心に向かって外側から内側へぼかす。
3　アイシングが乾くとぼかせなくなるので、しずくは3つずつ絞り、その都度ぼかす。中間のアイシングで花心を描いて完成。

7 ステンシル　Stencil

型をくり抜き、穴の部分から文字やイラストを表面に転写することです。
クッキーの上に、アイシングやエアスプレー、スポンジングで模様をつけることができます。

ステンシルシート

1　乾かしたベースの上にステンシルシートを置き、テープで固定する。

2　ややわらかいアイシングをパレットナイフで一定の方向に動かしながら塗り、余分なアイシングを取り除く。

3　ステンシルシートをそっとはがす。

4　完成

8 口金絞り　Piping technic

口金には、先がいろいろな形のものがあり、使い分けることで、さまざまなラインを描くことができます。

● **シェル絞り**　　口金PME 42番・43番

口金を進行方向にやや傾けて構え絞り出す。徐々に力をゆるめ、最後はデコレーション面にこすりつけるように絞り終わる。絞り終わりに重ねるようにして次のシェルを絞っていく。

● **ロープ絞り**　　口金PME 42番・43番

Sカーブを絞り、半分重ねて絞っていく。

● **ハート絞り**　　口金PME 42番・43番

シェル絞りを中心に向かって左右交互に絞る。

● **フリル絞り**　　口金PME 50番・51番

進行方向に向かって約1cm絞って、5mm戻る、それを繰り返す。

● **ガーランドフリル**　　口金PME 56番・57番・58番

口金の細い方を下側に向け口金を上下しながらフリルを絞る。

9 お花絞り Piped flower

お花絞りに適した固いアイシングを、口金を使って花びらの形に絞り出すことができます。口金の種類を変えることで、さまざまなお花を表現することができます。乾燥すると固まるので、保存にも適しており、アイシングクッキーやケーキなどのデコレーションに使用したり、紅茶に浮かべて楽しむことができます。

フラワーネイルにアイシングを少量絞り、クッキングシートを貼りつけて花を絞る。作業中フラワーネイルを置きたいときは、ネイルスタンドに置く。

● 5枚花　口金 PME 57番

1 口金の太い方を中心にあて、細い方を30度浮かせて構える。フラワーネイルを反時計回りに回しながらアイシングを絞り出し、軽く上下に口金を動かしながら花びらを1枚絞り中心に向かって切る。
2 同様に5枚絞り、5枚目は最初の花びらをけずらないように口金を立てるようにして絞り終える。最後の立ち上がった花びらを水で湿らせた筆で押さえる。
3 中間のアイシングで花心を絞る。

● デイジー　バラ口金 101番

1 フラワーネイルに対して90度に構え、口金の細い方を中心にあて、太い方を30度浮かせて構える。中心に向かってしずく形になるように少しずつ力を緩めながら花びらを1枚絞り、中心に向かって切る。
2 同様に10枚絞る。
3 中間のアイシングで花心を絞る。

● マム　口金 PME 56番

1 5枚花と同様に軽く上下に口金を動かしながら、小さな花びらを1枚絞り中心に向かって切る。7枚で1周絞る。
2 1の上に重ねるように、口金の角度を少し上げて、同様に5枚で1周絞る。
3 2の上に重ねるように、口金の細い方を垂直に立てて、同様に2～3枚絞る。

● ローズ　口金 PME 57番

1 口金の太い方を下にしてフラワーネイルに垂直に立てて構える。フラワーネイルを反時計回りに回し、円錐の花心を1周半絞る。
2 花心に対して3時の位置に真上からまっすぐ構え、口金の細い方を45度浮かせて構える。フラワーネイルを回しながら花心の上を通って花びらを絞る。3枚で1周絞る。
3 3時の位置に口金の太い方をあてて、手前からまっすぐに構える。フラワーネイルを回しながら花びらを絞る。5枚で1周絞る。

● チューリップ　口金 PME 56 番

1 口金の凹んだ方を下に構え、フラワーネイルに対して垂直に構える。口金を固定したまま直径約 5mm になるように絞り、そのまま口金を倒し約 1cm の長さの花心を絞る。
2 口金の凹んだ方を花心に沿わせ、口金の太い方が 6 時、細い方が 5 時の方向に構える。下から上に約 1cm 絞り、少し外側に向かって切る（右の花びら）。
3 口金の凹んだ方を下にし、1 枚目の根元に口金の細い方を合わせて構える。下から上に約 1cm を絞る（中央の花びら）。
4 同様に口金の凹んだ方を下にして左側の花びらを絞る。

● ラン　口金 PME 56 番

1 口金の太い方を中心にあて、細い方を 30 度浮かせて構える。フラワーネイルを少し回しながら、花びらが尖るように口金を動かし、等間隔に 3 枚の花びらを絞る。尖らない場合は筆で尖らせる。
2 1 の上に重ねて扇状の花びらを 2 枚絞る。
3 口金の太い方を下にして垂直に立てて、花の中央に 1 周絞る。
4 3 が乾く前に筆で、下の部分を下方向にのばす。黄、茶の順でペイントする。

● パンジー　口金 PME 56 番・57 番

1 口金 57 番の太い方を中心にあて、細い方を 30 度浮かせて構える。口金を上下に小刻みに動かしながら、大きな扇状の花びらを 2 枚絞る。
2 口金 56 番で 1 の上に重ねて、同様に小さな扇状の花びらを 2 枚絞る。
3 口金 56 番で、2 の反対側に細長い花びらになるように口金を小刻みに動かし、2 枚絞る。
4 花の中心から外側に向かって、放射状のラインをペイントする。

● スカビオサ　口金 PME 56 番

1 口金の太い方を中心にあて、細い方を 30 度浮かせて構える。フラワーネイルを回しながら、口金を小刻みに 3 回上下しながら、中央が長くなるように花びらを絞る。10 枚で 1 周絞る。
2 2 周目は 1 周めの花びらと花びらの間に、同様に 10 枚で 1 周絞る。
3 グレーのアイシングのコルネの先端を V 字にカットし、2 の内側に下から斜め上に向かって小さな花びらを 1 周絞る。
4 白のアイシングで中央に大きなドットを絞り、その上に小さなドットを絞る。

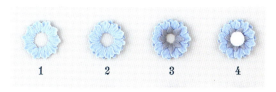

● アネモネ　口金 PME 56 番

1 口金の太い方を中心にあて、細い方を 30 度浮かせて構える。ハート形になるように口金を動かし花びらを 1 枚絞る。
2 6 枚で 1 周絞ったら、湿らせた筆で、外側から中心に向かって筋をつける。
3 2 の上に重ねて同様に 4 枚で 1 周絞り、筆で筋をつける。
4 中心から外側に向かってペイントする。
5 中間のアイシングで花心を絞る。

● リーフ

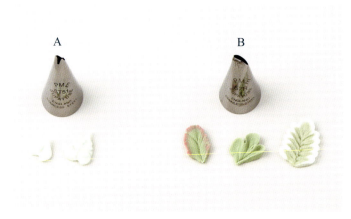

A　口金PME51番

口金の先端をデコレーション面に軽くあて絞り始め、徐々に力を緩めながら斜め上へ引き切る。葉脈をつける場合は、軽く押し引きして絞る。

B　口金PME57番

絞りたい形に口金を動かしてリーフを絞る。葉脈をつける場合は小刻みに口金を動かして絞る。

● カメリア　　口金PME57番

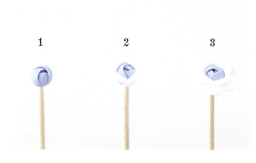

1　フローリストペーストを直径約6mmに丸め、ショートニングを薄く塗ったつまようじにさし、花心を作る。花心に対して3時の位置に真上からまっすぐ構え、口金の細い方を45度浮かせて構える。つまようじを反時計回りに回しながら花心の上を通って花びらを絞る。4枚で1周絞る。

2　花びらの根元の8時の位置に口金の太い方をあて、細い方を開いて構える。つまようじを時計回りに回しながら花びらを4枚で1周絞る。

3　口金をさらに開き、2と同様に6枚で1周絞る。

● コーンフラワー　　口金PME56番

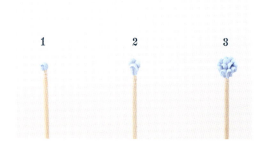

1　口金の細い方がつまようじから半分出る位置にまっすぐ構える。つまようじを時計回りに回しながら、口金を縦方向に少し動かし、小さな花びらを絞る。

2　同様に花びらを絞り、3枚で1周絞る。

3　同様に同じ高さで小さな花びらを2の周りに1周絞る。

● マミラリア（トゲあり）　　口金PME43番

1　フローリストペーストを直径約6mm、高さ約1cmの円錐に形を整え、ショートニングを薄く塗ったつまようじにさし花心を作る。

2　花心の根元に口金を垂直に構え、直径約5mmのドットを隙間なく絞る。

3　中間のアイシングで2の先端に1〜2本トゲを絞る。

● **カクタス**　口金 PME 43番

1 フローリストペーストを直径約7mm、高さ約1.5cmの円錐に形を整え、ショートニングを薄く塗ったつまようじにさし、花心を作る。
2 花心に沿うように下から上に向かって隙間なく絞る。
3 上部に5枚花を貼りつける。

● **ラナンキュラス**　口金 PME 57番

1 フローリストペーストを直径約5mmに丸め、ショートニングを薄く塗ったつまようじにさし、花心を作る。
2 花心に対して3時の位置に真上からまっすぐ構え、口金の細い方を45度浮かせて構える。つまようじを反時計回りに回しながら花心の上を通って花びらを絞る。4枚で1周絞る。花びらのやや下に口金を構え、同様に4枚で1周絞る。
3 花びらの根元に口金の太い方をあて、手前からまっすぐ構える。2の周りに5枚で1周絞る。口金を弧を描くように動かし、7枚で1周絞り、さらに9枚で1周絞る。

● **多肉植物のアレンジ**

A　口金 PME 43番
　　マミラリア（トゲなし）
マミラリア（トゲあり）と同様に絞る。

B　口金 PME 50番
　　オロスタキス

直径約1cmの土台を絞り、土台から外側に向かって先が細くなるように絞り、ドーム状になるように隙間なく絞る。

C　口金 PME 57番
　　エケベリア

フローリストペーストを直径約4mm、高さ約7mmの円錐に形を整え、ショートニングを薄く塗ったつまようじにさし、花心を作る。花心の周りに、ローズの花びらのように絞っていく。

10 シュガーペースト Sugar paste

粉糖をベースに、水あめやガムなどの食べられる素材でできた、粘土状の砂糖です。
シュガーペーストパウダーと水を練って作ることもできます。
薄くのばして型抜きをしたり、フリル状にしたり、ケーキのカバーリングなどにも使用されます。

シュガーペースト（左）
乾いてもフローリストペーストほど固くならずクッキーと一緒に美味しく食べることができます。

フローリストペースト（右）
ガムペーストとも呼ばれ、シュガーペーストよりも薄くのばすことができ、乾くのが速いので、花などの繊細な造形に適しています。砂糖が主原料なので食べられますが、乾くと固くなるので主に鑑賞用に用いられます。

シュガーペーストの着色方法

1 シュガーペーストを使用する分だけ取り分け、手で練ってやわらかくする。

2 つまようじにペーストフードカラー、もしくはダストフードカラーをつけ、着色する。

3 色素が手につかないように、色素の部分を内側に折りたたむようにして練る。

4 色が均一になるまでしっかりと練る。

※打ち粉
ティーバッグなどにコーンスターチを入れて使用する。台や道具、シュガーペーストに打ち粉をして作業するとべたつかない。

抜き型で抜く

1 シュガーペーストを2mmの厚さにのばし、花型で抜く。

2 スポンジマットの上に置き、ボールツールで中央を押さえる。

3 中央がくぼみ立体的な花ができる。

押し型で模様をつける

1 2mmの厚さにのばしたシュガーペーストに、打ち粉をした押し型を押し当てる。

2 全体に均一に模様がついたら、クッキー型で抜く。

3 シュガーペーストの裏側に、エディブルグルーを薄く塗り、クッキーに貼りつける。

リボンの作り方

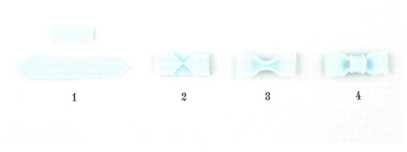

1 2mmの厚さにのばしたシュガーペーストを帯状にカットする（1cm×2cm、1.5cm×8cm）。長い方の両端をV字にカットする。

2 両端が中央にくるようにふんわりと折り返す。

3 裏返し、中央が谷折りになるように指でつまむ。

4 りぼんの中央に短い方を巻きつけ、巻き終わりにエディブルグルーを塗り貼りつける。

フリルの作り方

1 2 3

1. 2mmの厚さにのばしたシュガーペーストを1cm幅の帯状にカットする。
2. スポンジマットの上に置き、シェイパーツールで押さえて手前に引く。
3. 隣と重ならないように、細かい間隔で押さえてフリルを作る。

シリコンモールドの抜き方

打ち粉をしたモールドに、シュガーペーストを型の大きさに合わせて適量丸め、押し込む。
モールドを軽く反らせてシュガーペーストを取り出す。

フローリストペーストの扱い方

1. フローリストペーストを透けるくらい薄くのばし、花型で抜く。
2. スポンジマットの上に置き、ボールツールで花びらの縁をなぞり、薄くする。
3. パレットなどでカップ状に乾かす。

4. 中央にエディブルグルーでシュガーパールを貼りつける。

11 シュガーレース　Sugar lace

専用のミックス粉とレースマットを使い、作成することができます。
柔軟性のあるレースのようなシュガーです。切り取ってクッキーの表面に貼りつけます。

材料
トリコミックス —— 50g
水 —— 40cc

トリコミックスとレースマット

シュガーレースの作り方

1　ボウルにトリコミックスを入れ、お湯（40〜45℃）を加える。

2　ゴムベラで全体が均一でクリーム状になるまで混ぜる。

3　レースマットにのせ、スケッパーでレースの溝に均一に入るようにゆっくりとこすりつける。

4　100〜120℃のオーブンで10〜20分、または室温で5〜6時間乾燥させる。乾いたらレースを下にして押さえ、レースマットをゆっくり引いてはがす。

5　はがした状態。

6　はさみで切り取り、筆でアルコール、もしくはエディブルグルーを薄く塗り、クッキーのベースに貼りつける。

Moroccan pattern
パイピングクッキー

鮮やかなモロッコカラーでエキゾチックに。
人気の高いモロッコ伝統の幾何学模様を模して。

Designed by 坂本めぐみ　How to make ... p.66

Lettering

カリグラフィーアイシング

シンプルに伝えたいメッセージをクッキーに。
自然な流れにまかせたマーブル模様は、
二度と同じ模様を作れないため特別感が増します。

Designed by 林 奈緒　How to make ... p.66

Japanese pattern
和柄

日本の伝統的な柄を、パイピングや
馴染み模様の技法を使い、
アイシングクッキーに表現しました。
ふんわり優しいお色で、お祝い事へのプレゼントに。

Designed by 西岡麻子　How to make ... p.67

Embroidery piping
刺繡パイピングクッキー

刺繡糸を刺していくように、ジグザグと細いラインを並べて描きます。
アイシングの色を変えたり、ラインの向きを変えたりすると、
よりデザインを楽しめます。

Designed by 堀 志穂　How to make... p.67

Quilting

ハートのキルティングクッキー

塗りつぶすアイシングクリームを
少し固めに作ることで、
陥没を防ぎ、きれいなふっくらとした
キルティングを作ることができます。

Designed by 宮﨑レナッタ

How to make ... p.68

ローズキルト

一針ずつキルトを縫うように
はなびらやリーフを丁寧に描いていくと、
エレガントなバラが浮かび上がります。

Designed by PELICAN lab.

How to make ... p.68

シンプルかご編みの フラワーバスケット

線が太くなったり細くなったりしても、
下にアイシングを塗っているから、それらしく見えます。
初心者の方にもオススメ。

Designed by C&Wgâteau　How to make...p.68

Piped baskets

2色のかご編みバッグ

ツートンカラーのかごバッグ。
配色を変えることで雰囲気の異なるバッグになります。

Designed by 斎藤彩美　How to make...p.68

ホワイトバスケット

白いバスケットにたくさんのデイジーをつめて…。

Designed by 大庭摩美　How to make...p.68

Wet on wet
Patterns

日々の生活の中で目にとまるさまざまな模様。
あなたはどの柄が好み？

Designed by 白浜りか　How to make ... p.69

Wet on wet
和の香、和柄
伝統的なものからカジュアルなものまで
5種類の和柄を着物風にデザインしました。
Designed by 上田 美希　How to make...p.69

Wet on wet
スイートローズ

女性ならきっと誰もが喜ぶローズ柄を、馴染み模様で簡単に。
たくさんのローズを、いろんな色で素敵に咲かせて。

Designed by sugarfranc　How to make...p.70

Stencil

ローズ

大好きな真っ赤なバラを、
自作のステンシルシートで作成しました。
アイシングクリームも着色することで、
バラをより強調することができます。

Designed by **Rosa Bonita** 〜ロサボニータ〜

How to make ... p.70

メッセージクッキー

Thank You のメッセージを
際立たせることで
感謝の気持ちを伝えたい…。
あえてシンプルなデザインで、
引き算の美しさを。

Designed by **Libur**

How to make ... p.70

Off piece
エスコートカード

パーティーのはじまりを飾る「エスコートカード」。
ゲストの席がどこかを知らせるアイテムです。
シルエット技法を身につけると、
イニシャルや数字などにも応用できます。

Designed by 辻 千恵　How to make... p.71

Off piece
春色グラデーション
春色の優しいグラデーションベースの上に、
ミツバチや、お花をのせて立体感を出してみました。

Designed by 神納麻子　How to make … p.71

Eyelet lace
夏色シースルーワンピースクッキー

涼しげな透けるレースをほどこして、
元気いっぱいにひまわりを描きました。
日傘に帽子にパンプス、ワンピースにカゴバッグ。
どれも身につけたくなるかわいさです。

Designed by 高山幹子　How to make … p.72

Eyelet lace
ハートのアイレットレースクッキー

乙女心をくすぐる、アイレットレース。
ちょっとしたパイピングを組み合わせ、
色のコントラストをはっきりさせたら、
目を引くかわいらしいクッキーに。

Designed by 稲村紀子

How to make ... p.72

Brush embroidery
ローズブラッシュエンブロイダリークッキー

細筆を使った繊細なブラッシュエンブロイダリーで、
エレガントなローズをイメージ。
アイシングクリームの量を調整してローズに立体感を。
シュガーパールをのせ、華やかに仕上げました。

Designed by 中嶋あゆこ　How to make ... p.73

Brush embroidery

Brooches

身につけてお出かけしたくなるような、小さなブローチをイメージ。
3枚の個性的なプラーク型に、くすんだアンティークカラーを流し込み、
筆で可憐なお花を描きました。

Designed by 池野和佳 How to make … p.73

Brush embroidery

彼岸花・菊

アイシングを優しく筆で撫でたブラッシュエンブロイダリー。
撫で方やデザインで雰囲気が変わり、簡単に見えて繊細で華やか。
色が少なくても模様になるのも好きなポイント。

Designed by Happiness aki How to make ... p.73

Brush embroidery
マーメイド・海中
海の底の美しい世界と、
フリルがかわいいマーメイドのクッキー。

Designed by 加藤佳名子　How to make...p.74

Piped flower
バラとチューリップ

可憐で立体的なチューリップのブーケと、
繊細で華やかなローズをクッキーにのせて。

バラ Designed by 白浜りか

チューリップ Designed by 白浜りか・Lumos（ルーモス）

How to make ... p.75

Piped flower
胡蝶蘭「Celebration」
たいせつな人の門出に、「おめでとう！」
華やかな胡蝶蘭をそえて…。

Designed by Lumos（ルーモス）

Piped flower
アネモネ「Welcome」

かわいいあなたを思い浮かべて……。
ひと手間でリアルなお花にワンランクアップ！

Designed by Lumos（ルーモス）

How to make ... p.74

Piped flower

アンティークな多肉植物の鉢植え

コロンとかわいい小さな多肉植物。
5種類の口金を使い分けて作りました。
本物みたいなカラーにこだわった多肉植物も、
アンティーク風の植木鉢も、リアルな土も、
全て食べられる素材で作りました。

Designed by 高山幹子　How to make ... p.76

Piped flower
フラワーブーケ

「白とグリーンのラナンキュラス」
クッキーをシンプルにラフ塗り。
そこに大輪のラナンキュラスをたくさん咲かせれば、
たちまち上品で華やかな印象に。

「ピンクとイエローの花束」
ラフ塗りしたクッキーをキャンバスに見立てて、
カラフルで豪華な花束をあしらいました。

Designed by 宮脇江里子　How to make ... p.77

Piped flower
パイプドフラワーバスケット

固いアイシングで花弁を1枚ずつ絞るパイプドフラワー。
さまざまな形のお花を絞ることができます。
クッキーに飾ると立体的でとっても華やか！
バスケットを絞ってたっぷり飾りました。

Designed by 西岡麻子　How to make...p.77

Piped flower
フラワードレス

コロンと可愛いカメリアと、
アクセントにスカビオサ・コーンフラワーをアレンジした、
華やかなウェディングドレス。
シックなカラーで洗練されたイメージに。
カラーや配置を変えるとさまざまな表情が楽しめます。

Designed by 中嶋あゆこ　How to make ... p.78

Sugar paste
Pretty Bow Cookie

フレンチアンティークスタイルの
ストライプとリボンをあしらって
少しおめかしすれば、
華やかなティーパーティにも
お似合いなお菓子に格上げ。

Designed by ジェッソン玲奈

How to make ... p.78

Florist paste
クラシカル
イヤリング

飴の宝石やシュガーペーストのカメオ、
クラシカルでエレガントな
イヤリングのクッキーたち。
ジュエリーBOXに入れて
大切に眺めていたくなります。

Designed by 加藤佳名子

How to make ... p.79

Sugar paste
春色のつまみ細工風クッキー

シュガーペーストで作るつまみ細工風のお花は、
のせるだけで和風のアイシングクッキーに！！
グラデーションカラーのクッキーに飾れば
華やかでお祝いの日にもぴったり。

Designed by こりす工房　**How to make … p.80**

Florist paste

桜

繊細な桜の花びらを
シュガーペーストで表現。
淡いピンクのグラデーションが
優しい雰囲気のクッキー。

Designed by **Candytuft**

How to make ... p.80

Sugar paste

For my Baby & ママとお出かけ

立体感でインパクトを。
誕生を祝うサプライズにピッタリ！

Designed by Lumos（ルーモス）　How to make ... p.81

Florist paste
クイリング

細い紙を巻いてモチーフを作り、
それらを組み合わせていくペーパークラフト。
この技法を使って、シュガーペーストで作りあげたのが
「シュガークイリングフラワー」です。

Designed by 片野芳美 How to make ... p.82

Sugar lace
プラーククッキー

貼るだけでクッキーが
ぐっと華やかになるシュガーレースは、
アイシングクッキー作りの強い味方。
さまざまなレースマットが
販売されていますが、
レースの切り取り方を変えるだけで
印象が変わります。

Designed by 堀 志穂

How to make ... p.82

Sugar lace
ウェディング

シュガーレースを使ったレーシーなウェディングセットです。
ドレスの裾のフリルは立体的に美しく、
リングピローにはぷっくりかわいいリボンをつけましたが、
甘すぎずノーブルなウェディングセットに仕上げました。

Designed by 宮川淳子

Hexen house

ホワイトクリスマス

雪が降った後の静かな空気の中で
クリスマスを迎える場面をイメージしたヘクセンハウスです。
難しい技術は入れず作製できるので、初心者の方にも作りやすい内容です。

Designed by 貴志絵衣子　How to make...p.83

Hexen house
クリスマスのおうち

リボンの屋根を外すとお菓子 box になります。
おうちの壁面には、
クリスマスの飾りをほどこし準備完了。
Merry Christmas！

Designed by 大庭摩美　How to make ... p.84

◗ Moroccan pattern パイピングクッキー　　Photo...p.32

Color
ブルーベル＋カクタス / ブルーベル＋ジェットブラック / ダフォディル＋ローズ＋ブーラッシュ

A
1　ベースを塗りつぶし、中心に印をつけ内側から3つ円を描く。
　　内側2つの円には、8等分に印をつけておく。
2　内側から順にドット・しずくを絞り、ラインと模様を描く。
3　2周目の円の外側にレースとドットを絞る。

B
1　中心から順に2重にラインを描く。
2　同様に2本ずつラインを描き、モロッカン柄にする。
3　しずくとドットを絞る。

Arrangement

◗ Lettering　カリグラフィーアイシング　　Photo...p.33

Color
ジェットブラック（濃淡）

1　白・グレー・黒のやわらかいアイシングをカップの中で軽く混ぜ、アウトラインを描い
　　たクッキーに流し込む。
2　ベースが完全に乾いたら、ピックで文字を下書きする。
3　中間よりややややわらかいアイシングで、強弱をつけながら文字を描く。

Japanese pattern 和柄　Photo...p.34

Color
A：ローズ＋チェスナット（濃淡）／B：サンフラワー

A　麻の葉
1　塗りつぶしたクッキーに、アウトラインと対角線3本を描く。
2　アウトラインと対角線の間に平行な線を描く。
3　正三角形の中心から頂点に向かって線を描いて完成。

B　七宝
1　塗りつぶしたクッキーに、上下左右が等間隔になるよう9か所に印をつける。
2　印の間に浅いレースを描く。
3　七宝模様を完成させる。丸の中にしずく絞りで8枚の花弁の花を描く。

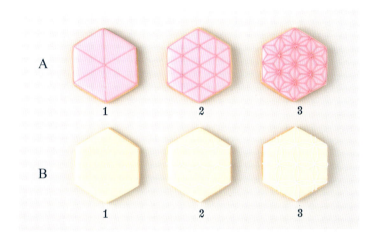

Arrangement

［図案 p.148-2］

Embroidery piping 刺繍パイピングクッキー　Photo...p.35

Color
花：ローズ（濃淡）・サンフラワー

花
1　濃いピンクで5分割のラインを描き、外側から⅓の位置までジグザグに絞る。
2　1に少し重ねて、中心から⅓の位置まで、薄いピンクでジグザグに絞る。
3　2に少し重ねて、中心まで、薄いピンクでジグザグに絞る。黄のアイシングで中心にドットを絞る。

Arrangement

67

Quilting ローズキルト・ハートのキルティングクッキー　Photo...p.36

Color
A：ブルーベル＋ブーラッシュ・ローズ＋ブーラッシュ・カクタス＋ブーラッシュ ／ B：ブルーベル＋ブーラッシュ

A　ローズキルト
1. 中間のアイシングでアウトラインとバラとリーフを描く。
[図案 p.148-1]
2. やわらかいアイシングでバラとリーフ以外の部分を塗りつぶす。
3. バラとリーフを時間差で塗りつぶす。周りにしずくを絞る。

B　ハートのキルティングクッキー
1. クッキーの周りに白のアイシングでドットを絞り、筆でぼかしてブラッシュエンブロイダリーをする。
2. 中間のアイシングでアウトラインと交差するラインを描く。
3. 1個飛ばしで塗りつぶし乾かす。乾いたら残りの部分を塗りつぶす。

Piped baskets かご編み　Photo...p.37

Color
A：ブーラッシュ＋サンフラワー
C：チェスナット・ブルーベル

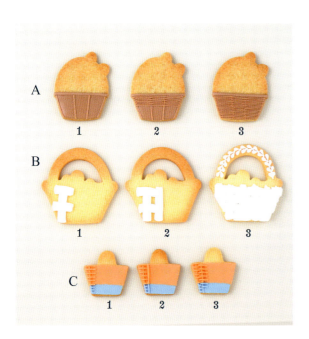

A　シンプルかご編みのフラワーバスケット
1. かごの部分と縁の部分を時間差で塗りつぶし、乾いたら2本1組の縦ラインを4か所描く。
2. 横のラインは、1本目の縦ラインのすぐ横から、2本目のラインの上を通って、3本目の手前まで描く。3本目のすぐ横から4本目の上まで描く（1列目）。2列目は1本目の上から2本目の手前まで描く。2本目のすぐ横から、3本目のラインの上を通って、4本目の手前で終わる（2列目）。1列目と2列目を繰り返して描いていく。
3. 繰り返してかごの下まで描く。

B　ホワイトバスケット
1. 固いアイシングで縦に1本絞り（口金：マーボロ47番）、口金の幅をあけて横に2本絞る。
2. 絞り終わりを隠すようにして、縦に1本絞る。
3. 繰り返して最後まで絞り、持ち手部分に中間のアイシングでハートとドットを絞る。

C　2色のかご編み
1. 2色に塗りつぶしたクッキーに等間隔に印をつけ、縦のラインを描く。ライン1本分の間隔をあけて、横のラインを描く。
2. 横のラインを隠すように縦のラインを描く。
3. 1の横のラインの間に、横のラインを描く。これを繰り返す。

Wet on wet Patterns　Photo...p.38

Color
ローズ（濃淡）

A　千鳥格子
1. 縦・横・斜めにラインを描き、塗りつぶす色でドットの印をつける。
2. 1ブロックずつ手早く塗りつぶす。細かい部分は、ピックを使用するとよい。
3. 各ブロックの境目が馴染むように、クッキーを水平に振って馴染ませる。

B　曲線
1. 曲線のラインを描き、塗りつぶす色でドットの印をつける。
2. 1ブロックずつ手早く塗りつぶす。細かい部分は、ピックを使用するとよい。
3. 各ブロックの境目がなじむように、クッキーを水平に振ってなじませる。

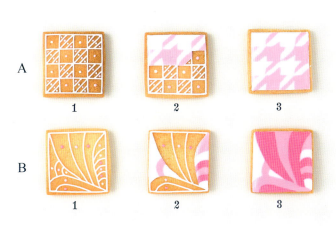

Arrangement

Wet on wet 和の香、和柄　Photo...p.39

Color
A：ローズ・ブルーベル / B：ローズ

A　桜
1. 上下を塗りつぶし、白のやわらかいアイシングでドットを5つ絞る。
2. ピックで、ドットを外側から中心に向かって引っかく。
3. 同様にして、桜や花びらの模様を入れ、帯部分を塗りつぶす。

B　矢羽
1. アウトラインを描き、さらに縦・横・V字にラインを描く。
2. 矢羽部分を2色で塗りつぶす。
3. 互い違いになるようにピックで引っかき、帯部分を塗りつぶす。

Arrangement

69

▶ Wet on wet スイートローズ　Photo...p.40

Color
ローズ・ホリー

1　ベースを塗りつぶし、ドットを絞る。
2　ピックで、のの字を描いて、バラ模様にする。
3　バラの隣に、緑のドットを2つ絞る。
4　ピックで外側に向かって引っかき、周りにしずくを絞る。

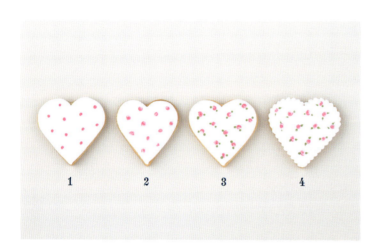

▶ Stencil ローズ・メッセージクッキー　Photo...p.41

ローズ

Color
ローズ＋サンフラワー・ブルーベル＋サンフラワー＋ブーラッシュ

1　しっかりと乾かしたアイシングクッキーに、ステンシルシートを固定する。
2　ガクのあたりにグリーンのアイシングをのせ、真ん中から下に向かって、ガク・リーフ・茎の順にパレットナイフをすべらせる。
3　赤のアイシングを1番外側の花びらにのせ、花の下から上に向かってパレットナイフをすべらせる。
4　ステンシルシートをはずし、周りにドットやしずくを絞る。

メッセージクッキー

Color
ローズ・ホリー

Material&Parts
アルコール

1　クッキーの周りにブラッシュエンブロイダリーを描く。内側に丸く円を描いて塗りつぶす。
2　白いアイシングで文字をステンシルし、小花とリーフを描く。

▌ Off piece エスコートカード　Photo...p.42

Color
ブルーベル＋ジェットブラック＋ローズ

1　クッキングシートの上にアウトラインを描き、塗りつぶす。完全に乾いたら、シートから外す。
2　クッキーを塗りつぶし、乾く前にシルエットをのせる。
3　ベースが乾いてから、中間のアイシングで縁取り、文字や模様を描く。

▌ Off piece 春色グラデーション　Photo...p.43

Color　A：ローズ（濃淡）・サンフラワー・ブラックココア / B：サンフラワー

A　3色グラデーション
1　クッキングシートの上で、羽のパーツを作っておく。
2　3色のやわらかいアイシングで同じ幅になるように塗りつぶし、ミニパレットナイフで境目を馴染ませる。表面が乾いたら、ハチの頭・胸・胴を絞る。
3　胸の左右に羽のパーツを差し込む。
4　ハチの模様・軌道ラインを描き、クッキーの周りにしずくを絞る。

B　ハチの巣
1　ハチの巣のパーツを作っておく。［図案 p.148-3］
2　六角形の穴をあけたクッキーを焼く。
3　クッキーの穴の周りにアイシングを絞り、パーツを貼りつける。
4　クッキーの周りと穴の周りにアウトラインを描き、塗りつぶす。

Arrangement

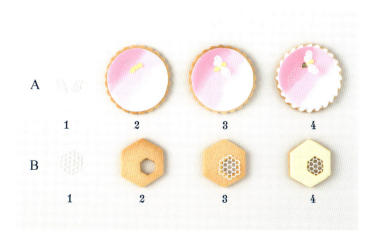

71

▶ Eyelet lace 夏色シースルーワンピースクッキー　　Photo...p.44

Color　ダフォディル・ブーラッシュ・ホリー・チェスナット

Material&Parts　リボン

1　白の中間のアイシングでアウトラインを描き、やわらかいアイシングで胸の部分を塗りつぶす。
2　スカート部分にやわらかいアイシングを水で溶き筆で塗る。
3　ベースのアイシングが乾いたら、カラーペーストをアルコールで溶いて筆でひまわりの絵をペイントする。
　　白の中間のアイシングで肩紐とレースを描き、ウエストにリボンを貼りつける。

Arrangement

▶ Eyelet lace ハートのアイレットレースクッキー　　Photo...p.45

Color

ブルーベル＋ジェットブラック

1　塗りつぶしたクッキーにピックで下絵を描き、中間のアイシングでレースを描く。
2　やわらかいアイシングを水で溶き、細筆を使って塗りつぶす。
3　中間のアイシングで、レースの穴の周りなどにラインやドットを描く。

72

Brush embroidery
ローズブラッシュエンブロイダリークッキー   Photo...p.46,47

Color
A：ローズ＋ブーラッシュ / B：ブーラッシュ

Material&Parts
シュガーパール

A　Brooches
1. 2色で塗りつぶしたクッキーの表面に、花びら2～3枚ずつの曲線を描き、水で湿らせた筆でぼかす。
2. 重ねるようにして、同様の工程を繰り返し、花を完成させる。
3. リーフも2～3枚ずつ曲線を描き、筆でぼかす。

B　ローズブラッシュエンブロイダリークッキー
1. 下絵をクッキーの上にのせ、スタイラスなどでなぞって転写する。[図案 p.148-4]
2. 葉の形を描き、湿らせた筆で葉脈のようにぼかしていく。中間のアイシングで茎を描く。
3. 同様に、外側の花びらから花心に向かって、1枚ずつぼかす。中間のアイシングでシュガーパールを接着し、ドットを描く。

> Point
> 花びらや葉の縁部分はダブルラインで高さを出すと、より立体的に仕上がる。

Brush embroidery 彼岸花・菊   Photo...p.48

Color
サンフラワー＋ブーラッシュ＋ホリー・ホリー＋ブーラッシュ

1. ベースを塗りつぶした後、黄の中間のアイシングでライン状の花びらを描く。
2. 花びらの中心を、水で湿らせた筆で、花の中心に向かってぼかす。
3. 花びらを2枚ずつ描き、その都度筆でぼかして花を完成させる。緑の中間のアイシングで中心にドットを絞る。
4. 緑の中間のアイシングでラインを描き、緑と黄の中間のアイシングでドットとしずくを絞る。

Arrangement

Brush embroidery マーメイド・海中　Photo...p.49

Color　ブルーベル・サンフラワー

Material&Parts　フローリストペースト・アルコール

1. 白く塗りつぶしたクッキーに、エアスプレーで青と黄色のグラデーションになるように着色する。
2. 白のアイシングでブラッシュエンブロイダリーを描く。
3. フローリストペーストでフリルを作り、アルコールで2重に貼りつける。

Arrangement

Piped flower アネモネ「Welcome」　Photo...p.52

Color

ローズ・ウィステリア＋ヴァイオレット・
竹炭パウダー・ホリー・エーデルワイス・
ジェットブラック・サンフラワー＋カクタス・
ブルーベル＋ジェットブラック

Material&Parts

リボン・シュガーペースト

1. 青のシュガーペーストを2mmの厚さにのばし、丸めたアルミホイルで表面に凹凸感をつける。四角くカットし、パレットナイフで4分割の線をつける。アルコールでクッキーに貼りつけ、白のアイシングで周りを塗りつぶす。
2. シュガーペーストを、ジェットブラックとエーデルワイスでペイントする。白の固いアイシングでフリルを絞る（口金：PME56番）。白の中間のアイシングでフリルの上部にドットを絞り、黒の中間のアイシングで文字を描く。白と黒の中間のアイシングでクッキーの周りにレースを描き、ドットを絞る。
3. 絞ったアネモネとリボンを貼りつける。リーフを絞る。

Piped flower バラとチューリップ　Photo…p.50

Color
A：サンフラワー（濃淡）・ホリー / B：ローズ・ホリー

Material&Parts
リボン

A　チューリップ
1. ベースを塗りつぶし、黄の濃淡で絞ったチューリップを3つ、中間のアイシングで貼りつける。
2. チューリップの隙間に緑の固いアイシングで細長いリーフを絞る（口金：PME50番）。
3. 1と2を繰り返し、ブーケ状にし、チューリップの数の茎を重ねるように描く。茎とチューリップの境目を隠すようにリーフを絞る。茎にリボンを貼りつける。

B　ローズ
1. クッキーのベースに口金の太い方が下になるように構える（口金：マーボロ101番）。5mm上に真っすぐ動かし、扇形になるように絞り、力を弱めながら絞り始めの位置まで絞る（1枚目）。1枚目の絞り始めの位置が右に向くようにクッキーの向きを変え、1枚目の隙間に口金の太い方を花の根元に構える。1枚目に覆いかぶせるように手首をしっかり返して絞り、根元に向かって切る（2枚目）。
2. クッキーの向きを戻し、1枚目の先端と口金の細い方が同じ高さになるように花の左側に構える。右斜め下に向かって絞る（3枚目）。花の右側に同様に構え、左斜め下に向かって3枚目に重ねて絞る（4枚目）。4枚目の花びらの先端より2mm下に口金の細い方を開いて構え、左斜め下に向かって絞る（5枚目）。3枚目の花びらの先端より2mm下に口金の細い方を開いて構え、右斜め下に向かって絞る（6枚目）。6枚目までがバラ小。5枚目と6枚目が重なる位置に口金の太い方を構える。3枚目と4枚目の花びらのV字の位置に口金の細い方がくるようにU字を描きながら絞る（7枚目）。7枚目までがバラ大。
3. 緑の中間のアイシングで花の根元に沿うように短いラインを描き、手前に引き切るようにガクを5枚絞る。ガクの根元にドットを絞りローズヒップを作り、その下に茎を描く。茎のところどころにツノのある小さなドットを絞りトゲを作る。緑の固いアイシングのコルネの先端をV字にカットし、リーフを絞る。リボンを貼りつける。

▶ Piped flower アンティークな多肉植物の鉢植え　Photo…p.53

Color
ホリー・ローズ・ブーラッシュ・エーデルワイス（ダスト）

Material&Parts
シュガーペースト・ブラックココアクッキー

1 シュガーペーストを2〜3mmの厚さにし、1.5cm×15cmにカットする。直径4.5cmの丸形クッキーの側面に、中間のアイシングで貼りつける。シュガーペーストが固まったら、ダストフードカラーをアルコールで溶き筆で塗る。
2 ブラックココアクッキーを細かく砕いて入れる。
3 絞った多肉植物をバランスよくのせる。

Piped flower フラワーブーケ　Photo…p.54

Color
ローズ＋ブーラッシュ（濃淡）・サンフラワー＋チェスナット（濃淡）・
ホリー・ブーラッシュ（濃淡）・ブーラッシュ＋ホリー

1. クッキーの表面に、中間のアイシングでラフ塗りする。乾く前にパレットナイフで筋をつける。
2. チェスナットでペイントする。茶の濃淡の中間のアイシングで枝を描く。緑の中間のアイシングで結び紐を描く。
3. 中間のアイシングで枝の上部に花を貼りつける。

Arrangement

Piped flower パイプドフラワーバスケット　Photo…p.55

Color
ブルーベル＋ジェットブラック・ブーラッシュ・ローズ＋チェスナット

1. クッキーの表面に、青の中間のアイシングでラフ塗りする。茶の中間のアイシングでバスケットのアウトラインを描く。ラインの2～3mm内側に山高に青の中間のアイシングを絞る。
2. 茶の中間のアイシングでバスケットの横のラインを描く。
3. 横のラインの上に重ねて、斜めのラインを描き、交差するように反対方向の斜めのラインを描く。
4. 持ち手の部分にラインを描き、その上に、ロープ状にラインを描く。花を貼りつける部分はあけておく。ピンクの固いアイシングでリボンを絞る（口金：PME56番）。

◗ Piped flower フラワードレス　　Photo...p.56

Color
ブルーベル + ヴァイオレット

Material&Parts
シュガーパール

1　クッキーをリング形に焼く。
2　中間の白のアイシングでシュガーパールを貼りつける。花を貼りつける部分はあけておく。
3　中間のアイシングで花を貼りつける。

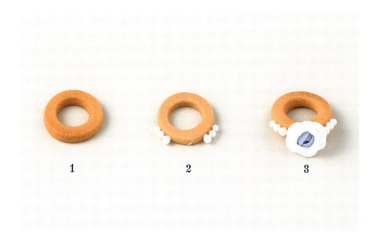

Arrangement

◗ Sugar paste Pretty Bow Cookie　　Photo...p.57

Color　ローズ＋ブーラッシュ

Material&Parts　シュガーペースト・グルー

1　着色し薄くのばしたシュガーペーストを、リボンの形にカットする。白はひと回り大きくカットし、さらに周りをデザインウィーラーでギザギザにカットする。
2　エディブルグルーで貼りつけ、リボンを組み立て、ステッチ模様をつける。
3　ストライプのステンシルをしたクッキーにリボンを貼りつけ、囲み模様を描く。

▍Florist paste クラシカルイヤリング　Photo...p.57

Color
竹炭パウダー・サンフラワー＋チェスナット

Material&Parts
フローリストペースト・イソマルト・シュガーパール・グルー

A　フラワーイヤリング

1　フローリストペーストを透けるほど薄くのばし、花型大2枚、小1枚に抜く。ボールツールで縁をなぞる。
2　大・中・小のカップに入れて乾かし、グルーで花を重ね、パールを貼りつける。
3　中間のアイシングでクッキーに貼りつける。

B　イヤリング

1　イソマルトで作ったパーツを準備する。
2　着色したシュガーペーストを2㎝×5㎝にカットし、アートスティックでフリルをつける。
3　クッキーの上に中間のアイシングでフリルとイソマルトを貼り、ドットを絞る。

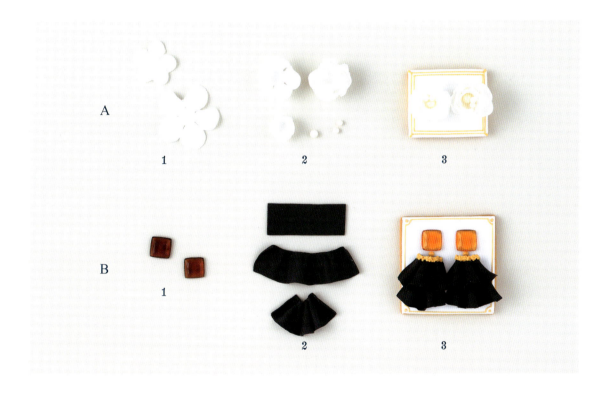

Sugar paste 春色のつまみ細工風クッキー　Photo...p.58

Color　パステルピンク(ダスト)

Material&Parts　ゴールドアラザン・フローリストペースト、グルー

1　1mmの厚さで2cm×2cmの正方形を5枚作る。
2　半分に折る。
3　さらに半分に折って、立てる。
4　3を折り返し、はさみで切って高さを調節する。
5　直径1.5cmの土台を作り、5枚の花びらをグルーで貼り、中心をダストカラーで着色する。
6　中心にグルーでゴールドアラザンを貼る。
※アレンジとして、2枚重ねて作ると、より華やかになります。

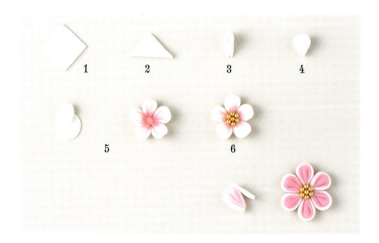

Florist paste 桜　Photo...p.59

Color　ローズ・サンフラワー・ローズ(ダスト)

1　フローリストペーストを透けるほど薄くのばし花型で抜く。
2　花びらの縁をV字にカットし、桜形にする。
3　つまようじで、花びらに筋をつける。
4　スポンジマットの上に置き、ボールツールで縁をなぞって薄くし、中心を押さえてカップ状にする。乾いた筆でダストフードカラーを塗る。
5　黄の中間のアイシングでドットを絞る。

Arrangement

▶ Sugar paste　For my Baby & ママとお出かけ　Photo...p.60

Color
サンフラワー＋ブーラッシュ・ローズ・ローズ＋サンフラワー・
チェスナット＋ブーラッシュ・ブーラッシュ

Material&Parts
シュガーペースト、グルー

1　シュガーペーストを着色し、それぞれのパーツを作成し、グルーで組み立てる。
2　クッキーの表面に、中間のアイシングでラフ塗りする。
3　シュガーペーストをのばし、ガス抜きめん棒で模様をつけながら2mmの厚さにのばす。型抜きし、ショートニングを塗った大匙をかませながらクッキーを覆いグルーで貼りつける。（固まるまでそのまま置いておく。）口金（マーポロ68番）で持ち手を絞る。

Arrangement

かわいいベビーアイテム

1　　　　　2　　　　　3

▸ Florist paste　クイリング　　Photo...p.61

Color
A：ローズ＋ブルーベル・サンフラワー＋ブーラッシュ・ブーラッシュ＋カクタス
B：サンフラワー＋ブーラッシュ・カクタス＋ブーラッシュ

Material&Parts
フローリストペースト・グルー　※すべて1mmの厚さにのばし、1cm幅にカットする

A　5枚花
1　8cmにカットする。巻いてグルーで貼りつける（花心）。
2　15cmにカットしてしずく型に巻き、花心の周りにグルーで貼りつける。
3　同様に5枚の花びらを貼りつけ、8cmにカットしして先を丸く巻いた茎を貼る。

B　タンポポ
1　20cmの長さにカットし、そのうちの17cm分に7～8mmの切り込みを入れ、切り込みがない方から巻く。ドーム状になるように広げ、中心に切り込みを入れる。
2　グルーでクッキーに貼りつける。
3　8cmにカットし半分だけ巻き、S字になるようにグルーで貼りつける。

▸ Sugar lace　プラーククッキー　　Photo...p.62

Color
ブルーベル

Material&Parts
トリコミックス・グルー

1　ベースを塗りつぶし、クッキーのサイズに合わせてシュガーレースをはさみでカットする。
2　シュガーレースにグルーを薄く塗り、クッキーに貼りつける。

Hexen house ホワイトクリスマス　Photo…p.64

Color
ジェットブラック・ローズ＋ブーラッシュ・サンフラワー

Material&Parts
シュガーパール・アラザン

1. 壁（大A）のクッキーに、中間のアイシング（白・グレー）で壁と窓のアウトラインを描き、やわらかいアイシング（白・グレー）で時間差で塗りつぶす。ベースが乾いたら白の中間のアイシングで窓枠を描く。赤の固いアイシングをコルネに詰め、先端をV字にカットし、ポインセチアを絞る。中心にドットを絞る。
2. 壁（大B）のクッキーに、白の中間のアイシングで壁とドアのアウトラインを描き、白のやわらかいアイシングで時間差で塗りつぶす。ベースが乾いたら白の中間のアイシングでツリーとリースを描き、乾く前にアラザンを貼りつける。
3. 壁（小A）のクッキーに、壁（大A）のクッキー同様に、塗りつぶし、窓枠を描き、ポインセチアを絞る。
4. 壁（小B）のクッキーに、白のアイシングでアウトラインを描きベースを塗りつぶす。
5. 屋根のクッキー2枚に、グレーのアイシングでベースを塗りつぶす。ベースが乾く前に白のやわらかいアイシングでラインを描き、つまようじで上下交互に線を引くようになぞり、矢羽模様を作る。
6. 土台のクッキーに、白の中間のアイシングでラフ塗りする。周りに固い白のアイシングでシェル絞りをする。（口金：ウィルトン16番）

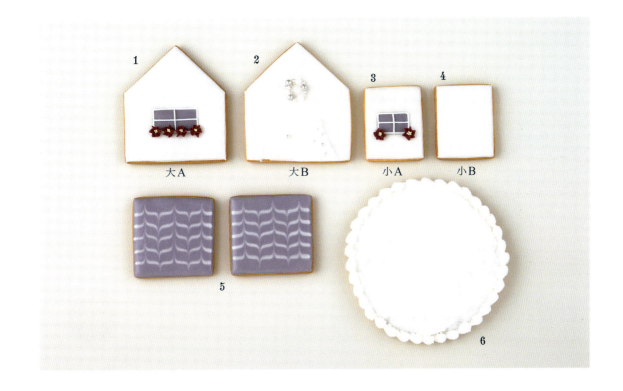

▶ Hexen house クリスマスのおうち　Photo…p.65

Color
ブルーベル・ホリー・サンフラワー＋ローズ・ローズ・ブーラッシュ・サンフラワー

Material&Parts
リボン・粉糖・イソマルト

1. 屋根のクッキー2枚に、青のアイシングでベースを塗りつぶす。ベースが乾く前に白のやわらかいアイシングでドットを描く。ベースが乾いたら、屋根の上部を白のアイシングで塗りつぶす。白の中間のアイシングで、屋根の下の部分にドットを絞る。
2. 壁（大A）のクッキーに、白のやわらかいアイシングを筆で塗る。乾いたら、緑の固いアイシングをコルネに詰め、先端をV字にカットし、リースを絞り、黄と赤の中間のアイシングでベルと実を描く。
3. 壁（大B）のクッキーに、白のやわらかいアイシングを筆で塗る。乾いたら、茶の中間のアイシングでリースを描き、絞って乾かした松ぼっくりとコットンフラワーを貼りつけ、リーフを絞り、雪だるまを絞る。
4. 壁（小A）のクッキーに白のやわらかいアイシングを筆で塗る。乾いたら、白の中間のアイシングで壁と窓に模様を描く。壁（大B）のクッキーと同様に、雪だるまやリーフを絞る。黄に着色したイソマルトを窓に流し入れる。
5. 壁（小B）のクッキーに白のやわらかいアイシングを筆で塗る。乾いたら、模様を描き、緑・茶・赤・黄・白の中間のアイシングでツリーとプレゼントを描く。
6. 屋根の穴にリボンを通して結ぶ。中間のアイシングで四面を貼りつけて組み立てる。組み立てた壁の上に屋根をのせ、茶こしで粉糖をかけて完成。

第2部

アイシング・デコレーションの技術と作品 II

The bible of icingcookie

1 イソマルト Isomalt

植物性の甘味成分でオリゴ糖の一種となり、飴細工にも使われています。
砂糖の甘みの半分程度で結晶化しにくく、透明度が高くなります。ペーストフードカラーやダストフードカラーで着色ができ、穴あきクッキーに流し込んだりモールドなどで好きな形に固めることができます。

※イソマルトは加熱すると高温になるので作業中は、飴細工用の手袋などをつけるなど、やけどに注意しましょう。

イソマルトの使い方

1　リング形に焼いたクッキーのベースを塗りつぶす。

2　耐熱容器にイソマルトを入れる。

3　電子レンジで加熱し溶かす。焦げないようにときどき混ぜながら溶かす。

4　アルミホイルの上にクッキーを置き、穴の中に流し入れる。

5　溶かしたイソマルトにペーストフードカラーを加え着色することができる。

6　固まったらアルミホイルから外す。

2 パイピングジェル Piping gel

砂糖水、コーンシロップ、増粘剤などでできた透明のジェルです。
ペーストフードカラーやダストフードカラーで着色し、
そのままクッキーやケーキにデコレーションすることができます。
アイシングにごく少量混ぜて使用すると光沢感が出ます。

パイピングジェルの使い方

1 パイピングジェルをなめらかになるまでよく練り、ペーストフードカラーもしくはダストフードカラーで着色しコルネに詰める。

2 クッキーのベースに中間のアイシングでアウトラインを描く。

3 パイピングジェルで中を塗りつぶす。

3 ウェイファーペーパー Wafer paper

食用の紙です。好きな大きさにカットし、ペーパークラフトのようにお花や羽などを立体的に表現することができます。
表面にペーストフードカラーやダストフードカラーを筆で塗り、色をつけることができます。

ウェイファーペーパーとクラフトパンチ

ウェイファーペーパーの使い方

クラフトパンチで、レースや花など、様々な形にカットすることができる。

クッキーにエディブルグルーで貼りつける。

4 スカルプチュアペインティング Sculpture painting

ロシア発祥の技術で、石膏装飾に使用される材料を使って、ペインティングナイフで彫刻のような美しい装飾をする技術です。ペインティングナイフを使用して、アイシングクッキーに立体的な装飾を施すことができます。

用意するもの

ノンスティックボードとペインティングナイフを用意する。

スカルプチュアペインティングの仕方

1 ノンスティックボードに中間のアイシングをとり、ペインティングナイフのブレードの裏面でアイシングをすくい取る。

2 ブレードをノンスティックボードに押しあててスライドさせる。左に動かすときは、ブレードの左側をあげ動かす。

3 右に動かすときは、ブレードの右側をあげ動かす。

4 左右交互にスライドさせ、ブレードの裏面でアイシングを整える。裏面のアイシングをなめらかに整えた状態。

5 ブレードをできるだけ水平になるように、デコレーション面にあてる。アイシングの量やブレードを押さえつける力を調整して花びらの形を変えることができる。

6 ブレードを手前に引き、デコレーション面からやや斜め上に向かって引いて離す。

先が丸いナイフでペイントすると、先の丸い花びらなどを作ることができます。

先の尖ったひし形のナイフでペイントすると、リーフや、先の尖った花びらなどを作ることができます。

先が丸い幅広のナイフでペイントすると、幅広の花びらなどを作ることができます。

5 クラックエフェクト Crack effect

クラックとは、「裂け目」や「ひび割れ」のことです。ダストフードカラーを牛乳でとき、
クッキーの表面に塗り乾燥させるとひび割れができ、アンティークなクッキーを表現することができます。

白のクラックエフェクト

1　牛乳小さじ½に、ダストフードカラー（エーデルワイス）小さじ½を加え、よく混ぜる。

2　クッキーの表面に平筆で塗る。

3　予熱をしたオーブンで焼く（100℃ 5分～）。表面が乾き、ひびが入れば完成。

着色する方法

1　牛乳小さじ½に、ダストフードカラー小さじ½を加え、よく混ぜる。

2　ダストフードカラー（エーデルワイス）を適量加え、好みの色の濃さにする。

3　クッキーの表面に平筆で塗り、予熱をしたオーブンで焼く（100℃ 5分～）。表面が乾き、ひびが入れば完成。

●カラーチャート

※すべてスクワイヤーズキッチンのダストフードカラーを使用

A　パステルピンク
B　ローズ
C　ポピー
D　ナスターチウム

E　ダフォディル
F　サンフラワー

G　ヴァイン
H　リーフグリーン
I　ホリー

J　ウェッジウッドブルー
K　ゲンチアン
L　ウィステリア
M　エーデルワイス

6 エアスプレー　Air spray

専用の機械を使用し、塗料を噴射して塗装する方法です。
アイシングクッキーには、専用の食用色素やペーストフードカラーをアルコールで薄めたものを噴射します。

食用エアブラシ対応の
コンプレッサーとエアブラシ

エアスプレーの仕方

1 小さじ¼のペーストフードカラーを、小さじ½のアルコールで薄める。

2 薄めたペーストフードカラーを入れ、ふたを閉める。

3 クッキーから約15cm離して全体にかける。

4 かける量を調整することで、グラデーションを作ることができる。

1 ペインティング Painting

ペーストフードカラーやダストフードカラーを少量のアルコールや水で溶き、アイシングクッキーやシュガーペーストの表面に模様を描くことができます。水彩画のように文字やイラスト、絵の陰影などを自由自在に描くことができます。

ペインティングの仕方

1 少量のアルコール（または水）で筆を湿らせ、ペーストフードカラーを溶く。

2 水分が多いままアイシングクッキーにペイントすると、アイシングの表面が溶けて陥没したり、乾くのが遅くなりにじんだりする場合があるので、キッチンペーパーで余分な水分を除く。

3 アイシングクッキーのベースにペイントする。

● ペインティングのカラーバリエーション

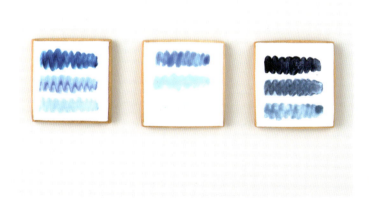

左：水分量を調整し濃淡を出す。
加える水の量により、色の濃さを変えることができる。同じ色でも濃さを変えることで陰影や濃淡をつけて立体感をだすことができる。水を多く足した場合は特に、キッチンペーパーで余分な水分を除いてから描くようにする。

中：ホワイトの色素を加えて濃淡を出す。
ペーストフードカラー（エーデルワイス）を加えることで、優しい色合いをだすことができる。また、濃い色で描いた上に、部分的にホワイトを足すことで光があたっているように表現することができる。ブラックベースのアイシングクッキーにホワイトで描くと、チョークボードのような仕上がりになる。

右：ダストフードカラーをアルコールで溶いてペイントする。
ダストフードカラーでもペイントすることができる。アルコールの量を調整することで濃淡をだすことができる。

8 プレッシャーパイピング Pressure piping

全てのロイヤルアイシングの技術には圧力（プレッシャー）が必要ですが、プレッシャーパイピングはプレッシャーを調節してアイシングに立体感を出し、花や鳥、人、動物などを表現するときに用います。

プレッシャーパイピングのアイシング（rubbed down ／やややわらかい）

1　パレットナイフを使い、中間のアイシングをノンスティックボードの上で平らにならす。アイシングからパレットナイフを離さずに強い圧力で、何度も「パドリング＝船をこぐ動き」をしてアイシングの気泡をつぶす。

2　アイシングがなめらかになり少しツヤが出る（やややわらかい状態）。アイシングが固くツヤが出ない場合は、水を数滴加えて固さを調整する。加えすぎるとアイシングがやわらかくなりすぎるので注意する。

● デイジー

1　口金PME1番を45度の角度でかまえ、ドットを絞り出し、口金をこすりつけるようにしながら徐々にプレッシャーを緩め絞り切り、しずく形の花びらを絞る。
2　等間隔になるように、花の中心に向かって花びらを4枚絞る。
3　花びらと花びらの間に4枚の花びらを絞る。真ん中にドットを絞り、口金の先端で数回プレッシャーを加え、口金を離す。プレッシャーを加えるとツノが立ちにくくなる。

● デイジー＆リーフ

口金PME1番でしずく形に絞り、絞り終わりを少し外側にカーブさせてリーフを絞る。

● ダフォディル

1 口金 PME 1 番で中心から外側に向かってしずく形の花びらを絞る。
2 反対側も同様に絞る。
3 花びらと花びらの間に等間隔になるように 2 枚の花びらを絞る。花の真ん中に、円を 3 重重ねて描き、花心を作る。

● クローバー

1 口金 PME 1 番を使用し 2 つ 1 組でハート形になるようにしずく形を絞る。
2 反対側も同様に絞る。
3 間に同様に絞り、茎を描く。

● リボン

1 口金 PME 1 番を使用し 2 つ 1 組でハート形になるようにしずく形を絞る。
2 反対側も同様に絞る。
3 真ん中に結び目のラインを描く。リボンの垂れを、プレッシャーの強弱をつけながら絞る。

● チューリップ

1 口金 PME 1 番でしずく形に絞り、絞り終わりを少し外側にカーブさせて、左右に花びらを絞る。
2 真ん中にしずく形の花びらを絞る。
3 茎を描き、左右にリーフを絞る。

● 小鳥

[図案 p.148-5]

1 口金 PME 1 番で、羽の形に添ってジグザグに絞る。
2 湿らせた筆で、内側から外側に向かってアイシングを引っ張り尖らせる。
3 少しずらしてジグザグに絞り、同様に筆で引っ張り尖らせる。
4 尾の部分にしずく形を 3 個絞る。
5 口ばしを描き、口ばしと尾に重なるように頭、胴体を絞る。太い部分はしっかりとプレッシャーを加えて厚みを出し、細い部分はプレッシャーを弱めて薄くする。別で作っておいた羽を、立体的に貼りつける。

9 ニードルポイント Needle point

縫い針を用いて刺繍糸を一目ずつ絵を描くように刺し埋める刺繍のことです。
アイシングで均一になるように格子状にラインを描き、図柄になるように一目ずつ塗りつぶし表現します。

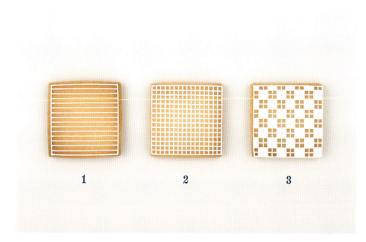

1 アウトラインを描き、2mm間隔の横のラインを描く。
2 2mm間隔の縦のラインを描く。
3 ややわらかいアイシングで模様を塗りつぶす。

10 カットワーク刺繍 Cut work embroidery

カットワークとは生地を切り抜き、細かい刺繍を施したレースです。
アンティーク雑貨や洋服にも人気のカットワーク刺繍は、アイシングクッキーのデザインとしても人気です。
アイシングでラインを描き、塗りつぶし、表現することができます。

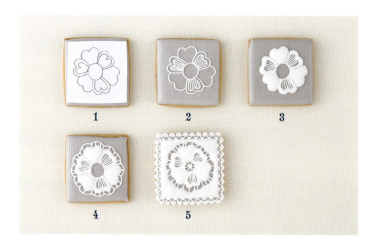

1 アイシングクッキーのベースの上に型紙を置き、スタイラスなどの先が丸いものでなぞり転写する。
2 中間のアイシングでアウトラインと、花びらの中のラインを1mm間隔で描く。
3 やわらかいアイシングで塗りつぶす。
4 花の模様の3〜4mm外側にラインを描き、花の模様とラインの間にランダムな間隔でラインを描く。
5 クッキーの縁から約5mm内側にアウトラインを描き、4の外側を塗りつぶす。周りにレースやピコットドットを描く。

11 ラティスワーク Lattice work

格子造り、格子細工のことで、規則的に格子状に並んだ区切り、仕切りのことをラティスといいます。
アイシングを規則的に絞り、まるで織物や格子細工のようなデザインに仕上げることを、ラティスワークといいます。

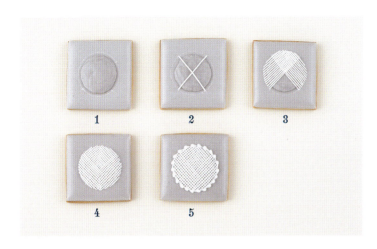

1 アイシングクッキーのベースに円の印をつけ、印から2～3mm内側に山高に中間のアイシングを絞る。
2 円の中心を通って印から印まで交差するようにラインを描く。
3 書き順が同じになるように、1mm間隔のラインを奥側に向かって端まで描く。
4 手前側も同様に1mm間隔のラインを端まで描く。
5 ラインの周りをしずくで囲む。

12 スタックライン Stack line

スタックとは、積み重ねるという意味で、積み重ねたラインのことをスタックラインといいます。
アイシングを真上に積み重ねたり、少しずらして積み重ねたりして、
繊細で立体的なデザインを表現することができます。

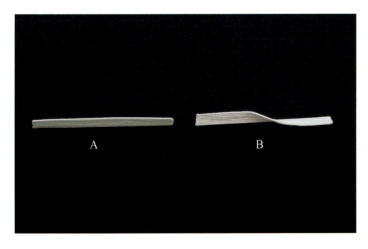

A 少しずらしてラインを重ねて描いていく。2～3本描いたら、少し乾かしてから続きを描く。乾く前に描くと倒れてしまうので注意する。

B 少しずらしてラインを描き、半分まで描いたら、反対側にずらして描く。2～3本描いたら、少し乾かしてから続きを描く。乾く前に描くと倒れてしまうので注意する。

13 スクロール Scrolls

古くから様々な芸術作品や紋章、家のインテリアなどに使用されてきたデザインで、シュガーケーキデコレーションにも用いられるロイヤルアイシングの伝統的な技法です。口金を回転させながら、絞る力の強弱を調整して絞ります。

※すべて口金 PME42番・43番

● 基本のスクロール
一定の力で回転させながら絞る。

● バレルスクロール
バレル（樽）の形になるように、回転させながら中央に向かって徐々に絞る力を強め、そして徐々に弱めていく。

● S スクロール
絞り始めに小さく回転し、あとは回転せずに S カーブを絞る。
前半と後半は同じ長さに絞る。

● S スクロール（回転）
前半のカーブは回転させながら中央に向かって徐々に力を強め、そして徐々に弱め、後半のカーブは回転せずに絞る。前半と後半は同じ長さに絞る。

● C スクロール
絞り始めに小さく回転し、あとは回転せずに C カーブを絞る。
円をイメージした丸いカーブを絞る。

● C スクロール（回転）

回転させながら中央に向かって徐々に絞る力を強め、そして徐々に弱めて C カーブを絞る。
円をイメージした丸いカーブを絞る。

● ダブル C スクロール

大きく C カーブを絞り、その内側に小さく C カーブを絞る。

● S ＆ C スクロール

S カーブを絞り、後半のカーブの内側に C スクロールを絞り、最後は重なるように絞り終わる。

● S ＆ ダブル C スクロール

S スクロールを絞り、後半のカーブの内側にダブル C スクロールを絞り、
最後は重なるように絞り終わる。

● スクロールのアレンジ　オーバーパイピング

丸口金やロープ口金（PME 42番・43番）を使用しスクロールを絞り、
それらを重ねて立体的な作品を作ることができます。

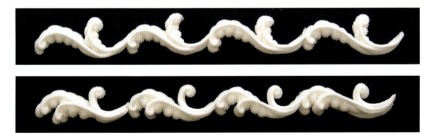

Isomalt

メッセージ
シャカシャカクッキー

振れば楽しいシャカシャカクッキー。
その奥には、伝えたいメッセージを！！

Designed by 坂本めぐみ

How to make ... p.130

Isomalt
The Glitter of Isomalt

こだわったのはイソマルトのクリアな透明感。
イソマルト本来の美しさと存在感を活かし、アイシングは至極シンプルに。
美しいイソマルト作品作りを追求しています。

Designed by 松浦真理　How to make ... p.130

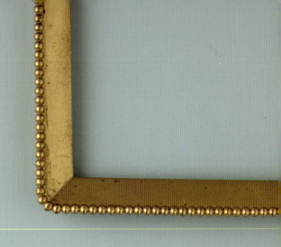

Piping gel
モロッカン柄

異国情緒のある金彩と銀彩のモロッカン。
涼しげでツヤツヤと光を反射するクッキーに。

Designed by 加藤佳名子　How to make ... p.131

Piping gel

クジャク

優雅で美しい飾り羽を持つクジャクを、
ステンドグラスと組み合わせました。
大きめのクッキーの中央にクジャクを描き、
色を濃淡含め多数使用することで
華麗に映えるようにしました。

Designed by 斎藤彩美

How to make … p.131

Wafer paper
スズラン・アジサイ

コロンと可憐なスズランをよりリアルに、
プレッシャーパイピング、ウェイファーペーパーで表現してみました。
そして、アンティークカラーのグラデーションで、
ドライフラワーのアジサイを表現してみました。

Designed by 坂本めぐみ　How to make … p.132

Wafer paper

Balloon Cookies（気球）

ウェイファーペーパーでクッキーにボリュームを。
ポップアップクッキーとしてプレゼントに最適。

Designed by 西村美和　How to make … p.132

Wafer paper
アジサイとジューンブライド

シルエットとウェイファーペーパーを使用したジューンブライド。
水彩画のような淡い色合いで。
ふんわりした世界を表現するために、アジサイのウェイファーペーパーは
着色方法にもこだわっています。

Designed by atelier chiffon　How to make ... p.133

Wafer paper
バレリーナ

アイシングだけでは表現できない、
繊細なバレリーナのチュチュの軽さや、
パッと目をひく華やかさを
ウェイファーペーパーで表現しました。

Designed by アトリエ MOCHIKO　How to make … p.133

Sculpture painting
カサブランカ

口金絞りで作るお花とは違い、
スカルプチュアペインティングでしか表現できない、
動きのあるリアルで立体的なゆりを、
アンティークな雰囲気で仕上げてみました。

Designed by salon de Masyu　How to make ... p.134

Sculpture painting
金魚
爽やかなブルーで、涼しげな金魚に仕上げました。
ペインティングナイフならではの動きのある立体感で、
金魚の鱗や尾びれを上品に表現することができます。
Designed by 嵯峨都子　How to make … p.134

Sculpture painting

アジサイ

アジサイの微妙に異なる
姿形や色合いを、
スカルプチュアペインティングで
一枚一枚丁寧に表現しました。
梅雨の合間、いつもの散歩道に
彩りを与えてくれるアジサイは、
私の癒しの存在です。

Designed by 真次真利枝

How to make … p.135

ハーブリースの
ウェルカムボード

スカルプチュアペインティングの
魅力の一つは、
色彩を豊かに表現できること。
植物の美しさや
光が差し込む様子をイメージして、
たくさんの色を重ねました。

Designed by 小津ユリ

How to make … p.135

Crack effect
アンティークアイテム

大好きなクラックエフェクト。
クラックエフェクトを使用すると、一気にアンティーク感が出せちゃいます。
SK カラーブーラッシュを乾いた筆につけて、縁をくすませているところは、
ちょっぴりこだわりです。

Designed by Kirari～きらり～　How to make...p.137

Air spray
日本のお正月

日本のお正月の上品な美しさを、
エアスプレーやステンシルのグラデーションで表現しました。
細やかなパイピングやウェイファーペーパーのお花が、
華やかさを添えてくれます。

Designed by Vivi Decor　How to make ... p.136

Air spray
エアスプレーで空色ジャークッキー

青空、夜空、夕焼け空。大好きな空をジャーに閉じ込めました。
いつだって見上げればそこにある空も、
移ろい続け、同じ空は一度たりともありません。
そんな移ろいゆく空色を、表現できるのがエアスプレーの魅力です。

Designed by 高山幹子　How to make…p.137

Painting

アビシニアン

極細筆で描く一本一本の線を細部まで丁寧に。瞳や毛並み、陰影もリアルにこだわっています。

ダックスフンド

モノトーンで、よりかっこよく、大人シックなペインティングクッキーに。まわりにレースを絞ればエレガントに。

Designed by **Cookie Holic**

How to make … p.138

Painting
くま
眠たくて寝室に行く可愛いくまちゃんを表現しました。
お気に入りの枕をしっかり抱きしめて。

Designed by 松田志乃　How to make ... p.138

Painting

Letter
好きな柄をアイシングで表現したくて作りました。
Designed by 松田志乃　How to make ... p.139

女の子
可愛い女の子をデザインから描いて
クッキーにしました。
Designed by 松田志乃　How to make ... p.139

Painting

封筒

女性らしい花柄の3種です。

Designed by 松田志乃　How to make ... p.140

ローズタグ

シンプルだけどお花の絵柄が際立つデザインにしました。
色の濃淡をつけることにより、
リアルなお花に近づけるのがポイントです。

Designed by 樋口尚美　How to make ... p.139

Pressure piping
3Dベア

浮き出る立体的なクマの質感にこだわり、
手に持たせたお花を浮かして、
横から見ても楽しめる仕上がりにしました。

Designed by salon de Masyu　How to make ... p.140

Hungarian embroidery
Hungarian embroidery

伝統的なハンガリー刺繍をイメージして、
オリジナルのデザインで表現しました。
周りは赤いジグザグステッチで可愛く。
繊細でカラフルなハンガリー刺繍の世界へようこそ。

Designed by sugarfranc　How to make...p.141

Needle point

ミモザリース

ハッとするほど鮮やかな黄色の
ミモザリース。
ニードルポイントでつくれば
大人っぽい仕上がりに。

Designed by 加藤佳名子

How to make ... p.141

いちご&うさぎ

刺繍のニードルポイントを、
アイシングクッキーで表現しました。
一針一針刺していくように、
ドットでマスを埋めていきます。
キュートないちごと、
大きなピンクのリボンをつけた
おめかしうさぎ。

Designed by Blanche

How to make ... p.141

Needle point
ヘキサゴンクッキー

刺繍の技術であるニードルポイント。
格子の中を好きな模様にデザイン！
お洒落なクッキーができ上がります

Designed by 上代梨紗子

How to make ... p.141

Cut work embroidery

ローズ

生地や洋服だけじゃもったいない！
クッキーにも可憐なカットワーク刺繍を。
ベースの色とアイシングの白だけでも華やかな印象に。
基本のパイピング技術をゆっくり細かく丁寧に仕上げました。

Designed by 中村千尋　How to make...p.142

バタフライ

白のアイシングだけで表現するレース柄は、
カラフルなものより上品で清楚な印象を受けます。
色が少ない分パイピングが際立つので、
一つ一つのラインを丁寧に描くことがポイントです。
ベースカラーを変えれば違った印象に。

Designed by 小西由美子　How to make...p.142

Cut work embroidery
フラワー

シックで上品なカットワーク刺繍に仕上げたいと思い、
ベージュベースに繊細なラインや大柄の花模様を入れてみました。
かわいらしいデザインに仕上げたいと思い、
ピンクベースに可憐な小花や葉をバランスよく入れました。

Designed by Rosa Bonita ～ロサボニータ～　How to make... p.142

Lattice work
リボン

濃淡3色で細いラインを重ねていったラティスワーク。
左右のリボンがふっくらするように、
アイシングで土台を盛って斜めにパイピングしています。

Designed by 堀 志穂　How to make … p.143

Lattice work
トランプ柄クッキー

立体的なトランプクッキー。
ラティスワークの技術を応用して
3Dアイシングに挑戦！

Designed by 上代梨紗子　How to make ... p.143

Stack line
スタックラインで描く『ABC』

繊細なラインを重ねることで、
立体的でデザイン性のある文字を描くことができます。
文字はいろいろと応用ができて、楽しいテクニックです。

Designed by 重政幸恵　How to make ... p.144

Stack line
お花とレースのレターセット
繊細で細かな技術を取り入れた作品です。
立体感をもたせたパイピングで、
レースの質感を表現しました。

Designed by アイシングクッキーサロン お菓子のおうち
How to make ... p.144

Scrolls
オーバーパイピングクッキー

クッキーの中心に、コーネリーワークとスタックラインで花を表現しました。
周囲には、オーバーパイピングとして複数のスクロールを重ね立体的に。
かわいいアンティークな雰囲気になるように仕上げました。

Designed by 北野麻紀子　How to make ... p.145

Scrolls
クラシカルティーセット

配色やボリュームのバランスを考えながら、
一つ一つ丁寧にパイピングを重ねていくと、
懐かしいけれど新しいような、
ちょっぴりレトロでクラシカルな世界が広がります。

Designed by 池田まきこ　How to make ... p.145

3D piping

ベビーバギー

緻密に計算して作った型紙をもとに、
私が得意とするパイピングを、全て集約させた作品です。
ベビーカーだからといってかわいいイメージではなく、
あえて大人なアンティークな雰囲気に仕上げてみました。

Designed by salon de Masyu How to make...p.146

3D piping
ロッキングチェア

暖炉の前でゆ〜らゆらと、
気持ちよさそうに揺れているイメージで作りました。
繊細なパイピングですが、しっかり乾燥すれば、
少ないパーツでも3Dのロッキングチェアを作ることができます。

Designed by 中村千尋　How to make...p.147

Isomalt メッセージシャカシャカクッキー　Photo...p.98

Color　ローズ＋ブーラッシュ

Material&Parts　イソマルト・ハートスプリンクル・フードペン

1. 4mmの厚さのリング型クッキーを準備する。
2. 5mmの厚さのリング型クッキーのベースを塗りつぶし、溶かしたイソマルトを流し込む。
3. 4mmの厚さの丸型クッキーの内側にアウトラインと4本のラインを描き、端から順に塗りつぶす（ストライプ）。表面が乾いたらフードペンでメッセージを描く。
4. 3の上にアイシングで1を貼りつけ、ハートのスプリンクルを入れ、2をアイシングで貼りつける。

Isomalt　The Glitter of Isomalt　Photo...p.99

Color

イソマルト：ローズ / パーツ：ホリー・ローズ＋ジェットブラック

Material&Parts

イソマルト・グルー・シュガーパウダー

1. ベースを白のアイシングで塗りつぶす。
2. ローズで着色したイソマルトを流し込む。
3. アイシングで模様を描き、グルーでシュガーパウダーを貼りつける。パーツをアイシングで貼りつける。

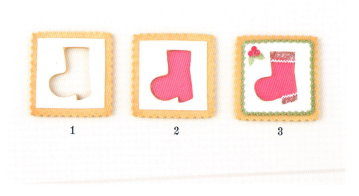

▶ Piping gel モロッカン柄　Photo…p.100

Color
サンフラワー＋チェスナット / バイオレット（濃淡）・ブルーグラス（濃淡）・ジェットブラック（濃淡）

Material&Parts
ゴールドパウダー・パイピングジェル

1　ベースを塗りつぶし、表面が乾いたら中間のアイシングでモロッカン柄を描く。
　　ラインが乾いたらゴールドパウダーを塗る。
2　着色したパイピングジェルを筆で塗る。
3　同様に濃淡のパイピングジェルを筆で塗り、金彩をする。

▶ Piping gel クジャク　Photo…p.101

Color
ブルーベル・カクタス・ホリー・ブーラッシュ・ローズ・サンフラワー・ジェットブラック

Material&Parts
パイピングジェル

1　ベースを塗りつぶし、表面が乾いたら下絵を転写する。［図案 p.149-6］
2　黒の中間のアイシングでラインを描く。
3　パイピングジェルで塗りつぶす。

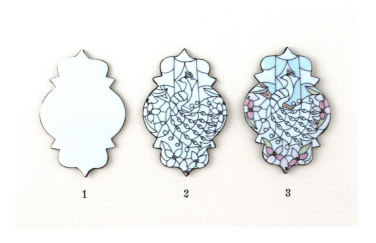

Wafer paper スズラン・アジサイ Photo...p.102

Color
リーフ：カクタス＋ホリー / アジサイ：ブルーベル＋ローズ / ジェットブラック＋ブーラッシュ

Material&Parts
ウェイファーペーパー

A スズラン
1. 白いアイシングで直径7mmの半円を絞る。表面が乾いたらつまようじなどで中のアイシングを取り除く。両面テープの上に、くり抜いた部分が上になるように固定し、縁にアイシングでジグザグ模様を絞る。
2. ウェイファーペーパーをはさみでリーフ形にカットする。ペーストフードカラーを水で溶き、筆で色をつける。
3. ベースを塗りつぶし、表面が乾いたら中間のアイシングで茎を描き、スズランとリーフを貼りつける。

B アジサイ
1. スポンジマットの上にウェイファーペーパーを置き、抜き型で印をつけ、印に沿ってはさみでカットする。リーフははさみでリーフ形にカットする。
2. ペーストフードカラーを水で溶き、筆で色をつける。アジサイはスポンジマットの上に置き、ボウルツールで中央を押さえ指でつまみ、中間のアイシングで花心を描く。リーフは指でひねり、形を整える。
3. ベースを塗りつぶし、表面が乾いたら中間のアイシングでアジサイとリーフを貼りつける。

Wafer paper Balloon Cookies（気球） Photo...p.103

Color　ローズ・サンフラワー・ブーラッシュ・カクタス・ブルーベル

Material&Parts　ウェイファーペーパー、グルー

1. ウェイファーペーパーを気球の形にカットする。
2. ベースを塗りつぶし、表面が乾いたらカットしたウェイファーペーパーを貼りつけ、間につまようじを置いて乾かす。
3. つまようじを取り除く。中間のアイシングで気球にドットを描く。
4. 中間のアイシングで気球のバスケット部分を描く。周りにドットで模様を描く。

Wafer paper アジサイとジューンブライド　Photo…p.104

Color　ローズ / ウェイファーペーパー：ダストローズ

Material&Parts　ウェイファーペーパー・パールパウダー

1　ダストとパールパウダーでウェイファーペーパーに色をつける。ちょうちょ、花型のクラフトパンチで抜く。スポンジマットの上に置きボウルツールで中央を押さえる。

2　ベースを塗りつぶし、表面が乾く前にあらかじめ作っておいたシルエットを貼りつける。［図案 p.149-7］

3　中間のアイシングで下から順に貼りつける。下段：2枚重ねを1個、中段：2枚重ねを3個、上段：1枚を4個、ちょうちょと髪飾りを貼りつける。

Arrangement

Wafer paper バレリーナ　Photo…p.105

Color　ジェットブラック

Material&Parts
ウェイファーペーパー・アラザン・エディブルグルー・クラフトパンチ（デイジー・レース）、グルー

1　ウェイファーペーパーをデイジーのクラフトパンチで抜き、2枚重ねる。中央にアラザンを貼りつける。

2　ウェイファーペーパーをレースのクラフトパンチで抜き、谷間の部分に折り目をつけ、フリルを作る。

3　ベースを塗りつぶし、表面が乾いたらアイシングで2のフリルを貼りつけ、デイジーを飾る。

Sculpture painting カサブランカ　Photo...p.106

Color
ホリー・ジェットブラック・ローズ（ダスト）・エーデルワイス（ダスト）

Material&Parts
アルコール

1. ペインティングナイフを使って、クッキーの上に1枚花びらを作る。
2. 2枚目の花びらからは、クッキングシートの上に花びらを作成し、少し乾いてから花びらにカーブをつけながら重ねて置く。
3. 6枚の花びらを重ねたら、根元や花の中をならし、もう1つの花も同様に作る。
4. アイシングで花心を描き、先端にドットを絞る。
5. つぼみは立体的に仕上がるように、クッキーに直接ペインティングナイフで2回に分けて作る。中間のアイシングで茎を描く。

　Point
　クッキーの上でつぼみを作りにくい場合は、オーブンシートの上で作成してから移動させてもよい。

6. スカルプチュアペインティングで葉を直接描き、クッキーの周りを刺繍のように囲む。

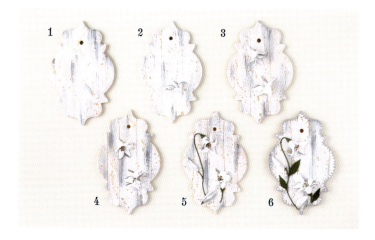

Sculpture painting 金魚　Photo...p.107

Color
ブルーベル・ブルーグラス・エーデルワイス（ダスト）

Material&Parts
サンディングシュガー

1. エーデルワイス（ダスト）を牛乳で溶いたものを、ブルーグラス（ペーストフードカラー）で着色し、クッキーにクラックエフェクトする。ペインティングナイフで尾びれを描く。
2. ペインティングナイフでうろこを描く。
3. 顔・背びれ・尾びれの部分にアイシングを塗り、サンディングシュガーを貼りつける。

◗ Sculpture painting アジサイ　　Photo…p.108

Color
エーデルワイス（ダスト）・ローズ（ダスト）・ヴァイン（ダスト）・
ウィステリア（ダスト）・ヴァイオレット（ダスト）

1　クラックエフェクトのクッキーに、ペインティングナイフでリーフを作る。
2　ベースのアジサイを描く。
3　2に重ねるようにアジサイを描く。花びらと葉にダスティングし、アイシングで花心と茎を描く。

◗ Sculpture painting ハーブリースのウェルカムボード　　Photo…p.108

Color
ヴァイオレット・ローズ・ヴァイン（ダスト）＋ダフォディル・ウィステリア・エーデルワイス（ダスト）

1　ベースを塗りつぶし、表面が乾いたらペインティングナイフでリーフを描く。
2　左右に花を描く。
3　花とリーフを描く。中央にアイシングで文字を描く。

Air spray 日本のお正月　Photo...p.110

Color
サンフラワー＋ブーラッシュ・ヴァイオレット＋ローズ・カクタス＋ブルーベル・竹炭パウダー・サンフラワー・ローズ

Material&Parts
千鳥格子柄ステンシルシート・アルコール・ウェイファーペーパー

A　お年玉袋
1. ベースを塗りつぶし、表面が乾いたらステンシルシートを置き、エアスプレーを45度にかまえ、手前からグラデーションになるようにスプレーする。
2. 中間のアイシングでラインを2本描き、水で溶いたアイシングを筆で塗る。
3. アイシングで水引を描く。

B　着物
1. アイシングをとなり同士時間差で塗りつぶす。表面が乾いたら帯の周りにスプレーする。
2. 乾いたらグラデーションになるように紫をスプレーする。
3. 乾いたらグラデーションになるように緑をスプレーする。
4. 帯の部分を塗りつぶす。乾いたら中間のアイシングで帯締めと花を描く。

Arrangement

Crack effect アンティークアイテム　Photo…p.109

Color
ジェットブラック・ブーラッシュ・エーデルワイス（ダスト）

1. クッキーに白のクラックエフェクトをする。
2. グレーの中間のアイシングでアウトラインを描く。
3. やわらかいアイシングで塗りつぶし、中間のアイシングで模様を描く。乾いた筆にブーラッシュをつけて縁をくすませる。

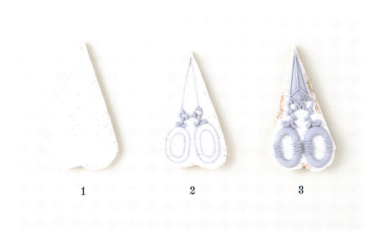

Arrangement

Air spray エアスプレーで空色ジャークッキー　Photo…p.111

Color
ローズ・ダフォディル・ブーラッシュ

Material&Parts
エアスプレー

1. ベースを塗りつぶし、表面を乾燥させる。
2. 表面が乾いたら、太陽の型紙を置き、ローズをグラデーションになるよう全体にスプレーする。乾いたら、太陽の下の部分に合わせてクリアファイルを置き、下1/3の部分を少し濃くスプレーする。
3. 乾いたら、ダフォディルをグラデーションになるよう全体にスプレーする。ビンの蓋の部分にアイシングで模様を描く。

Arrangement

▶ Painting ダックスフンド　Photo...p.112

Color　ジェットブラック

1　塗りつぶしたクッキーに下絵を転写する。
2　ペーストフードカラーをアルコールで溶き、筆で全体をおおまかに描く。
3　薄い部分→濃い部分へと徐々に色を重ねていく。顔のパーツは細筆で描く。
4　さらに色を重ねていき、全体の陰影をはっきりとつける。毛並みを細筆で描き、ひげや白い毛はピックで優しく引っ掻くようにして、表面に傷をつけて表現する。周りにレースやしずくを絞る。

▶ Painting くま　Photo...p.113

Color

ブーラッシュ・ブルーベル＋ブーラッシュ・サンフラワー＋ブーラッシュ・エーデルワイス（ダスト）・竹炭パウダー /
クッキーベース：ウィステリア（ダスト）

Material&Parts

アルコール・スタイラス

1　型紙どおりに、時間差で塗りつぶしていく。［図案 p.149-8］
2　アイシングの着色と同じ色のカラーをアルコールで薄く溶き、影をつける。グレーの影は、竹炭パウダーと白のダストを水で溶いたものを使用する。
3　水でよく溶いた竹炭パウダーで目・口を描き、目の光をスタイラスでつける。
　（Point）スタイラスには少量をつけるようにする。
4　クッキーを塗りつぶし、乾く前にシルエットをのせる。表面が乾いたら、星を描いて完成。

Arrangement

［図案 p.149-8,9,10］

138

Painting 女の子　Photo…p.114

Color
竹炭パウダー・エーデルワイス（ダスト）・ローズ＋サンフラワー・ブーラッシュ・ローズ

1　ベースを塗りつぶし、しっかりと乾かした後、下絵を転写する。
2　白い部分以外は、細めの平筆でベースを薄めに塗る。
　　[Point] なるべくムラが出ないように気をつける。
3　細筆で、濃くしたい部分に色を重ね、細かい模様を描く。
4　細平筆でなるべくムラにならないように、ベースを薄く塗る。
　　[Point] 白い部分は残しておく。ペーストフードカラーはアルコールで溶く。

Arrangement

［図案 p.149-11］

Painting ローズタグ　Photo…p.115

Color
ローズ・カクタス・エーデルワイス・ローズ＋ブーラッシュ

1　ベースを塗りつぶし、ピンクにはなじみ模様で白いドットを描く。表面が乾いたら、バラの輪郭を少量の水で溶いたブーラッシュ＋ローズで薄くペインティングする。
　　[Point] エーデルワイスで薄くする。
2　葉っぱの輪郭を少量の水で溶いた緑で薄くペイントする。
3　バラと葉の濃淡をつける。

Arrangement

▶ Painting 封筒　Photo...p.115

Color
ローズ・ブルーベル・サンフラワー・ホリー・ローズ＋ブルーベル・竹炭パウダー

Material&Parts
リボン

1. 塗りつぶした後、ピンクで花柄の馴染み模様を描く。
2. 同様にブルーの花やリーフを、馴染み模様で描く。
3. 濃いピンクで塗りつぶし、水で溶いた竹炭パウダーを使って、細筆で模様の周りを囲み、リボンをつける。

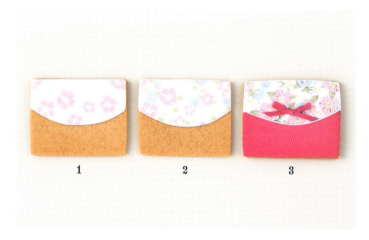

▶ Pressure piping 3Dベア　Photo...p.116

Color　サンフラワー＋ローズ・ウィステリア・ローズ・ホリー
Material&Parts　ココアパウダー

1. 花と蝶ネクタイのパーツをOPPシートの上で作っておく。
2. 下絵を転写した後、耳→胴体の順にプレッシャーパイピングで立体的に絞る。
3. さらに、左腕→顔→足の順に絞り、筆でたたいて毛のニュアンスを表現する。
4. ローズ（ダスト）とココアパウダーを混ぜて、クッキーの周りにダスティングをし、クマはココアパウダーでダスティングする。口金（5番）でリボンを絞る。
5. 目と鼻を描き、蝶ネクタイを貼りつける。右手をプレッシャーパイピングで絞り、1の花を手に差し込み、乾くまでスポンジを挟んで乾かす。右手にも毛のニュアンスを出す。

Hungarian embroidery Hungarian embroidery　Photo...p.117

Color
ローズ・サンフラワー・ローズ＋サンフラワー・ブルーベル・ローズ＋ブルーベル・ホリー・カクタス

1 クッキーに下絵を転写し、やややわらかいアイシングで茎・葉を描く。
2 プレッシャーを調整しながら、花を描く。
   (Point) 隣りあった部分は、時間差で描くとよい。
3 すべての花を描き終えたら、クッキーの2辺にジグザグ模様を描いて完成。

Needle point　うさぎ・ミモザリース　Photo...p.118,119

Color
A：竹炭パウダー・ローズ＋ブーラッシュ・ブルーベル＋ブーラッシュ ／ B：サンフラワー・サンフラワー＋チェスナット・ホリー

A　うさぎ
1 アウトラインの中に格子状にラインを描く。やややわらかい白とグレーの濃淡で顔の部分を塗りつぶす。
2 体とリボンの部分を塗りつぶす。
3 背景をすべて塗りつぶし、周りをしずくで囲む。

B　ミモザリーズ
1 アウトラインの中に格子状にラインを描く。やややわらかい黄色の濃淡のアイシングでミモザの部分を塗りつぶす。
2 やややわらかい濃い緑で葉の影を描く。
3 やややわらかい薄い緑で葉を描く。

Arrangement

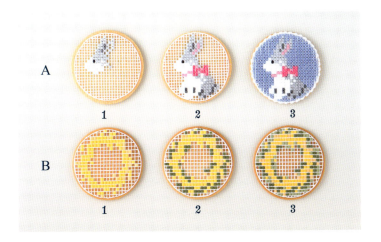

▶ Cut work embroidery バタフライ　Photo...p.120

Color
ブーラッシュ＋ブラック

1　ベースを塗りつぶし、完全に乾かした後、下絵を転写する。［図案 p.150-16］
2　白い中間のアイシングで下絵をなぞり、絵柄の 3mm 外側を囲むようにラインを描く。さらにその中に模様を描く。
3　やややわらかいアイシングで塗りつぶし、すべての模様を中間のアイシングで縁取る。ドットやレース模様を描いて完成。

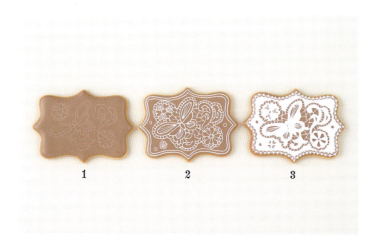

Arrangement

［図案 p.150-15］

▶ Cut work embroidery フラワー　Photo...p.121

Color
A：ブーラッシュ＋サンフラワー＋ローズ /
B：ブーラッシュ＋サンフラワー

Material&Parts
シュガーパール

A　リング形

1　ベースを塗りつぶし、乾いたら、白の中間のアイシングで花とリーフのアウトラインを描く。
2　内側のリーフに格子状のラインを描く。花と外側のリーフを白のやわらかいアイシングで塗りつぶす。
3　白の中間のアイシングでレース模様を描く。花の中央にシュガーパールを貼りつける。

B　サークル形

1　ベースを塗りつぶし、乾いたら、白の中間のアイシングで 5mm 内側にラインを描き、中に花の模様を描く。
2　白のやわらかいアイシングで花を塗りつぶす。
3　白の中間のアイシングで模様やレースを描き、ドットを絞る。

Lattice work リボン　Photo...p.122

Color　ブラッシュ（濃淡）

1　ベースを塗りつぶし、完全に乾かした後、リボンの下絵を転写する。結び目と左右のリボンの間に少し隙間をあけて、下絵の内側に山高に白の中間のアイシングを絞る。リボンの角と角をつなぎ交差するようにラインを描く。同じ順番になるように外側に向かって、白とベージュの濃淡のアイシングで順番に繰り返し、端まで1mm間隔のラインを描く。

2　外側まで描けたら、中心から内側に向かって同様に描く。
3　反対側のリボンにも同様にラインを描く
4　結び目部分は、3色のアイシングでランダムにラインを描く。

Lattice work トランプ柄クッキー　Photo...p.123

Color　ローズ

1　ベースを塗りつぶし、完全に乾かした後、ハートの下絵を転写する。［図案 p.150-17］下絵の2mm内側に、山高に白の中間のアイシングを絞る。
2　赤の中間のアイシングでハートの中心を通るように、交差させながらラインを描く。同じ順番になるように上側に向かって、端まで1mm間隔のラインを描く。
3　上まで描けたら、中心から下側に向かって同様に描く。
4　赤の中間のアイシングでハートの縁にしずくを絞る。白の中間のアイシングで、ベースに模様を描き完成。

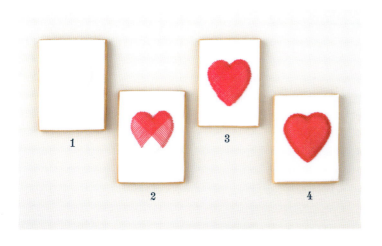

Stack line スタックラインで描く『ABC』 Photo...p.124

Color　ホリー

1. ベースを塗りつぶし、白の中間のアイシング（口金 PME 1番）でアルファベット（C）のアウトラインを描く。
2. アルファベットの外側のラインのみ、さらにラインを3本重ねて描く。
3. 内側のラインから、2のラインに向かって、1mm間隔のラインを描く。
4. 3のラインの間に、1つとばしでドットを絞る。外側にさらに1本ライン重ねて描く。クッキーの周りにしずくを絞って完成。

Stack line お花とレースのレターセット Photo...p.125

Color　ローズ＋サンフラワー・ジェットブラック＋ブーラッシュ
Material&Parts　アラザン・シュガーパール、グルー

A リボン

1. ベースを塗りつぶし、アウトラインを描き、白のやわらかいアイシングを筆で塗る。白の中間のアイシングでレースの模様を描く。グレーの中間のアイシング（口金：PME 0番）でリボンのループを描く。少し上にずらしながら合計7本ラインを重ねて描く。
2. ループの下に、リボンのたれを描く。少し上にずらして重ねて半分まで描いたら、下にずらして重ねて描く。少しずつ短くなるように、合計4本描く。
3. たれの5本目からは、前のラインよりも少しずつ長くなるように合計3本描く。
4. リボンの結び目は、手前から奥に向かってラインを7本横に並べて描く。リボンの横のラインを、結び目同様7本横に並べて描く。

B 花柄

1. 塗りつぶしたクッキーに、下絵を転写する。［図案 p.149-13］白の中間のアイシング（口金 PME 0番）で、下絵をなぞって全てのラインを描く。花（大）は1つとばしで花びらに1mm間隔のラインを描く。レースの縁から3mm外側にラインを描き、1mm間隔のラインを描く。その2mm外側にラインを描き、細かい曲線のレースを描く。グレーや白のやわらかいアイシングを花やリーフに塗る。
2. 花（大）と花（小）にラインを2本、リーフとレースにラインを1本重ねて描く。
3. 花（大）のラインを描いていない方の花びらに1mm間隔のラインを描く。花（大）にラインを重ねて描く。
4. グレーの中間のアイシングで花心を描き、アラザンとシュガーパールを貼りつける。

▶ Scrolls オーバーパイピングクッキー　Photo...p.126

Color　ローズ・ブーラッシュ・ヴァイオレット

1　ベースを塗りつぶし、白の中間のアイシングで花形のアウトラインを描き、中にコーネリーワークを描く。
2　花形のラインの上に少し外側にずらして少しだけ重ねてラインを描く（白5本・紫1本）。
3　紫の中間のアイシングで、クッキーの周りにスクロールを絞る（口金 PME 42番）。
4　白の中間のアイシングで3の上に重ねてスクロールを絞る（口金 PME 2番）。
5　ピンクの中間のアイシングで4の上に重ねてスクロールを絞る（口金 PME 2番）。
　　白の中間のアイシングでドットを絞る。

▶ Scrolls クラシカルティーセット　Photo...p.127

Color　ジェットブラック・ローズ（ダスト）

Material&Parts　グルー

A　ティーカップ

1　型紙どおりに、時間差で塗りつぶしていく。[図案 p.149-14]
2　ベースを塗りつぶし、乾いたら、中間の薄いピンクのアイシングでスクロールを絞る（口金 PME1番）。
3　2の上に重ねて、中間の濃いピンクのアイシングでスクロールを絞る（口金 PME1番）。乾いた1を貼りつける。

B　ティーポット

1　型紙どおりに、時間差で塗りつぶしていく。[図案 p.149-12]
2　ベースを塗りつぶし、乾いたら、中間の濃いピンクのアイシングでスクロールを絞る（口金 PME1番）。
3　2の上に少しずらして重ね、中間の白のアイシングでスクロールを絞る（口金 PME 42番）。乾いた1を貼りつける。

3D piping ベビーバギー　Photo…p.128

Color
クッキー：ウィステリア＋ジェットブラック／本体：ジェットブラック

[図案 p.151-19]

1. 型紙Ⓐ とⒷ（2枚）を組み立てる。組み立てたものと、その他の型紙にOPPシートを貼りつけ、薄くショートニングを塗っておく。

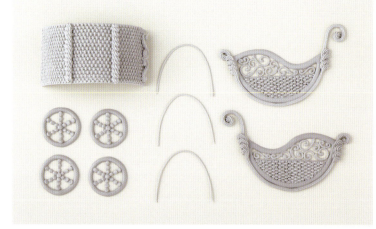

2. 型紙ⒶとⒷを組み立てたものに、口金（PME2番）でアウトラインを描き、ガイドラインに沿って車輪軸を境に3回に分けてかご編みをしていく。両端の部分と車輪軸の位置に、口金（PME5番）でスクロールを絞る。
   Ⓒの型紙に口金（PME1番）でアウトラインとかご編みとフィリグリーを描き、やわらかいアイシングで塗りつぶす。ブルーのガイドラインは最後に（PME5番）で、本体の縁に少し重なるように、途中スクロールを入れながら絞る。
   Ⓓの型紙に、口金（PME1番）でアウトラインを描き、やわらかいアイシングで塗りつぶす。交差するラインの上にしずくを絞り、中心にドットを絞る。
   Ⓔの型紙のラインを口金（PME2番）で描き、乾燥させておく。

3. 側面（Ⓒ）に中間のアイシングでタイヤ（Ⓓ）を貼りつける。

4. 車体（ⒶⒷ）に中間のアイシングで側面を貼りつける。

5. 壊さないように注意して裏返し、同様に反対側の側面を貼りつける。

6. 写真の位置を参考にスポンジを挟んで、Ⓔのラインを貼りつける。

7. 両端から口金（PME1番）でエクステンションラインを描いていく。スポンジ位置までできたらスポンジを抜き、すべてにエクステンションラインを描く。

8. 1本目のラインの上にスポンジを挟んで、Ⓔのラインを貼りつける。同様にエクステンションラインを描く。これを繰り返し、合計3段のエクステンションラインを描く。コルネにアイシングを詰め、コルネの先端をV字にカットし、フリルを絞る。

9 車体と側面の接続部分に内側からしずくを絞る。

10 塗りつぶしたクッキーの上にベビーカーを置き、アイシングで固定する。

3D piping ロッキングチェア　Photo…p.129

［図案 p.150-18］

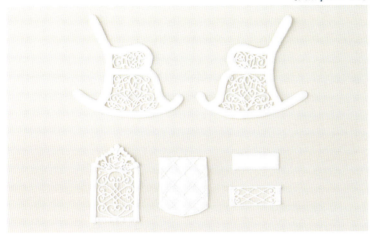

1 それぞれのパーツを型紙通りに中間の白のアイシングでアウトラインと、模様を描く。やわらかいアイシングで塗りつぶし、しっかりと乾かす。

2 チェアの側面の内側に、背面と座面を白の中間のアイシングで貼りつける。乾くまで、スポンジを置いて支える。

3 反対側の側面を貼りつける。

4 しっかりと乾いたら、チェアを起こし、足置きを貼りつける。乾くまで、スポンジで倒れるのを防ぐ。

5 背面の飾りパーツを貼りつける。乾くまで、スポンジで倒れるのを防ぐ。背面と座面のつなぎ目にしずくを絞り、クッキーに貼りつける。

147

アイシング図案

原寸または指定の拡大率でご使用ください。掲載ページと（　）内は作り方ページです。

1　原寸　p.36 (p.68)

2　原寸　p.34 (p.67)

3　原寸　p.43 (p.71)

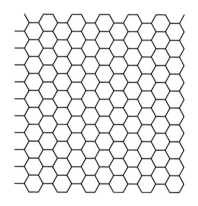

4　原寸　p.46 (p.73)

5　原寸　p.93（小鳥）

6 200%拡大 p.101 (p.131)

7 125%拡大 p.104 (p.133)

8 125%拡大 p.113 (p.138)

9 125%拡大 p.113 (p.138)

10 125%拡大 p.113 (p.138)

11 125%拡大 p.114 (p.138)

12 125%拡大 p.127 (p.145)

13 125%拡大 p.125 (p.144)

14 125%拡大 p.127 (p.145)

15 200%拡大 p.120 (p.142)　　　　**16** 200%拡大 p.120 (p.142)

17 200%拡大 p.123 (p.143)

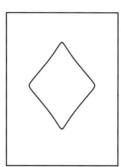

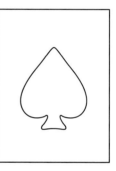

18 125%拡大 p.129 (p.147)

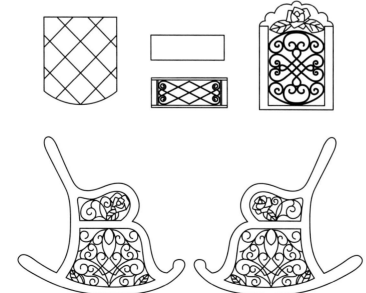
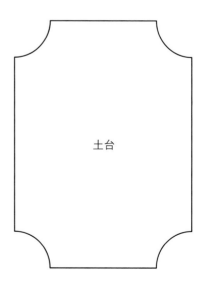

土台

19 200%拡大 p.128 (p.146)

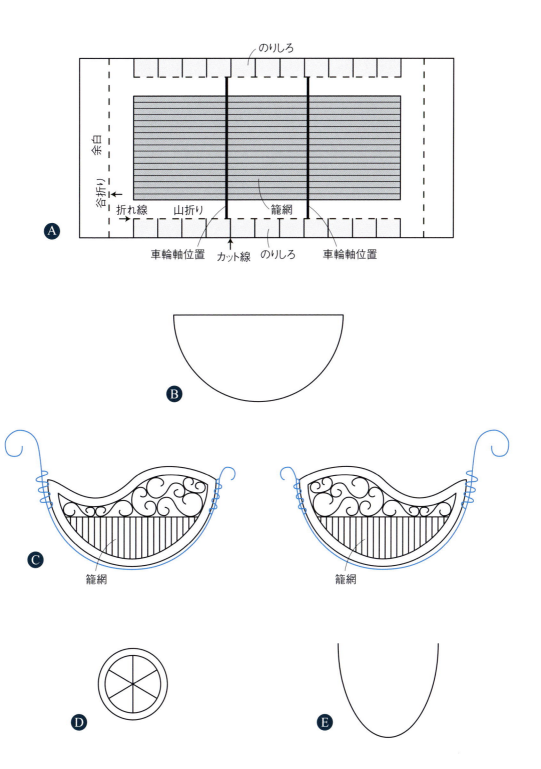

151

アイシングクッキーサンプル集

1 Mon Cheri ／ 2 有留 美咲 ／ 3 後藤 康子 ／ 4 藤田 聖子 ／ 5,6 有留 美咲 ／ 7 畔柳 直美 ／ 8 川本 織絵 ／ 9 谷口 奈津美 ／ 10 Dear Dream ゆうか ／ 11 景山 美紗 ／ 12 長村 有紀 ／ 13 大類 絵美 ／ 14 小室 舞子 ／ 15 小倉 香奈 ／ 16 後藤 恵美 ／ 17 姫野 美紀

18 後藤 恵美／19 大友 麻美／20 萩原 佑果／21 クッキング クラフト『パピヨン』／22 上田 麗美／23 吉間 早苗／24 水永 倫子／25 後藤 康子／26 矢崎 心晴／27 blue balloon／28 矢崎 心晴／29,30 増山 知佐子／31 玉城 和代／32 樽 美羽／33 城殿 ミキ／34 塩田 真由美

35 吉間 早苗／36 塩田 真由美／37,38 櫻木 未紗子／39 玉城 和代／40 友成 晴美／41 稲田 理也子／42 吉間 早苗／43 上田 麗美／44 大西 瑠美子／45 後藤 恵美／46 四宮 圭／47 西村 淳子／48 萩原 佑果／49 原口 摩衣子／50 後藤 康子／51 武田 杏佳

52,53,54 岡本 真理／55,56 益田 有里／57 塩田 真由美／58 北村 裕子／59 井阪 裕子／60 水永 倫子／61 伊藤 綾乃／62 山本 莉沙／63 八太 朋美／64 小倉 香奈／65 水永 倫子／66 矢野 早苗／67 平田 閑／68 黒田 香奈子

69,70 市川 麻美／71 オルセット／72,73 原口 摩衣子／74 大友 麻美／75 大類 絵美／76 小山 朋子／77,78 吉川 かなえ／79 黒田 香奈子／80 友成 晴美／81 益田 有里／82 後藤 康子／83 Mon Cheri／84,85 早川 由佳／86 大友 麻美／

87 Aglaia.Shibuya／88 高村 紗知／89 ふわり／90 鳥丸 優希／91 石倉 悠／92 四之宮 記公子／93 稲垣 里奈／94 YummyDeco ヤミーデコ／95 上嶋 めぐみ／96 林 奈緒／97 大森 めぐみ／98 花木 未季奈／99 指村 悠子／100,101,102 岡本 真理／103,104 中村 佐知子／105 稲垣 里奈

アイシング・デコレーションの技術動画

本書で説明したテクニックを動画で確認することができます。
動画再生できる端末（パソコンやスマートフォン、タブレットなど）で、WebブラウザにURLを
直接入力して再生するか、QRコードリーダーソフトがあれば、下記QRコードを読み込んで再生してください。

●かご編み＆ラティスワーク＆ニードルポイント
https://moviebooks.info/ic/01kago_ratyisu_nidoru.mp4

●スカルプチュア＆つまみ細工
https://moviebooks.info/ic/02sukarupu_tsumami.mp4

●スクロール
https://moviebooks.info/ic/03sukuroru.mp4

●ステンシル＆スタックライン
https://moviebooks.info/ic/04sutensiru_sutakku.mp4

●ブラッシュエンブロイダリー＆アイレットレース
https://moviebooks.info/ic/05burassyu_airetto.mp4

●プレッシャーパイピング
https://moviebooks.info/ic/06puressya.mp4

●お花絞り
https://moviebooks.info/ic/07hanashibori.mp4

●馴染み模様
https://moviebooks.info/ic/08najimimoyou.mp4

あとがき

アイシングクッキーバイブルは、いかがでしたか？
これからアイシングクッキーを始める方はもちろん、経験者の方も、
このバイブルにそって、少しずつ新しい技術にチャレンジしてみてください。
本著がアイシングクッキー作りのスキルアップに、貢献できれば幸いです。

　　　　　　　　　　　　　　　　一般社団法人　日本サロネーゼ協会
　　　　　　　　　　　　　　　　　　　代表理事　桔梗 有香子

一般社団法人 日本サロネーゼ協会
代表理事　桔梗有香子（ききょう ゆかこ）

2013年8月に一般社団法人　日本サロネーゼ協会を設立。『好きを仕事にできる輝く女性を創り出す』の理念のもと、自宅で教室を開く『サロネーゼ』の育成とサポートを行っている。女性の職業創出と高い社会貢献性が評価され、経済産業省中小企業庁より、2019年度「はばたく中小企業小規模事業者300社」に選定される（運営団体日本サロネーゼ株式会社）。
主にアイシングクッキーや練り切りアート®、ケーキポップス、フラワーケーキ、キャンドル、ソープなど29種類以上の講師育成講座を開講している。シンガポール・香港・台湾にも拠点を持ち、現在までに約10,000名以上の講師を育成。
日本サロネーゼ協会や講座詳細は、ホームページをご覧ください。
https://salone-ze.or.jp/

本書で紹介しているスクワイヤーズキッチン、PME商品はケークアートブティックで購入いただけます。
https://cakeartboutique.shop-pro.jp/

アイシングクッキーバイブル

2019年9月25日 初版第1刷発行

監　修　　一般社団法人　日本サロネーゼ協会　桔梗有香子
発行者　　穂谷竹俊
発行所　　株式会社日東書院本社
　　　　　〒160-0022
　　　　　東京都新宿区新宿2丁目15番14号 辰巳ビル
　　　　　TEL 03-5360-7522（代表）
　　　　　FAX 03-5360-8951（販売部）
　　　　　振替 00180-0-705733
　　　　　URL　http://www.TG-NET.co.jp

印刷・製本所　図書印刷株式会社

本書の無断複写複製（コピー）は、著作権法上での例外を除き、著作者、出版社の権利侵害となります。
乱丁・落丁はお取り替えいたします。小社販売部までご連絡ください。

©Japan salonaise association 2019,Printed in Japan
ISBN 978-4-528-02247-8　C2077

Staff

製作アシスタント　　畑ちとせ　鳥丸優希
　　　　　　　　　　遠藤佳奈子　松浦真理
　　　　　　　　　　真次真利枝　作山レイ
　　　　　　　　　　ジェッソン玲奈　嵯峨都子

撮影　　　　　　　　蜂巣文香
　　　　　　　　　　五十嵐明貴子
スタイリング　　　　曲田有子
ブックデザイン　　　塚田佳奈（ME&MIRACO）
図案トレース　　　　松尾容巳子
編集　　　　　　　　大野雅代（クリエイトONO）

［読者の皆様へ］
本書の内容に関するお問い合わせは、お手紙かメール（info@TG-NET.co.jp）にて承ります。恐縮ですが、電話でのお問い合わせはご遠慮ください。